Sonderband der

Reihe *Historische Perspektiven 15*

herausgegeben von
Bernd Martin, Hans-Jürgen Puhle,
Wolfgang Schieder, Gottfried Schramm
und Heinrich August Winkler

Bernd Burkhardt

Eine Stadt wird braun

Die nationalsozialistische Machtergreifung in der schwäbischen Provinz

Mit einem Geleitwort
von Heinrich August Winkler

Hoffmann und Campe

CIP-Kurztitelaufnahme der Deutschen Bibliothek

Burkhardt, Bernd:
Eine Stadt wird braun: d. nationalsozialist. Machtergreifung in d. Provinz/Bernd Burkhardt.
Mit e. Geleitw. von Heinrich August Winkler. –
1. Aufl. – Hamburg: Hoffmann und Campe, 1980
(Historische Perspektiven; 15. Sonderbd.)
ISBN 3-455-08838-4

ISSN 0173-217 X

Umschlaggestaltung Jan Buchholz und Reni Hinsch
Foto: Freiwillige Feuerwehr Mühlacker, 1936
Gesamtherstellung Süddeutsche Verlagsanstalt, Ludwigsburg
Printed in Germany

Inhalt

Geleitwort

Mühlacker war kein Sonderfall. Die kleine schwäbische Stadt machte in den Jahren der Weltwirtschaftskrise seit 1929 dieselbe politische Entwicklung durch wie die meisten Orte des Deutschen Reiches: Die herkömmlichen bürgerlichen Parteien verloren fast alle ihre Wähler an die Nationalsozialisten. Eine ganze Reihe von Faktoren pflegte den Aufstieg der Partei Hitlers zu begünstigen. Die NSDAP wurde vor allem von Protestanten, von Angehörigen selbständiger Berufe wie Bauern, Handwerkern und Kaufleuten, von Angestellten und Beamten gewählt. In Klein- und Mittelstädten waren die Nationalsozialisten durchwegs stärker als in Großstädten. Mühlacker zählte etwa 6000 Einwohner; es war fast rein evangelisch; der Anteil der landwirtschaftlich tätigen Bevölkerung war für eine Stadt ungewöhnlich hoch; der Anteil der Beamten lag erheblich über dem Reichsdurchschnitt, während es bei den Selbständigen und Angestellten keine erheblichen Abweichungen gab.

Untypisch war hingegen, daß in einer Kleinstadt mit einem Arbeiteranteil, der knapp über dem Reichsdurchschnitt lag, die Kommunisten bei den Reichstagswahlen vom Juli 1932 die Sozialdemokraten weit überrundeten. Es muß offen bleiben, inwieweit das ungewöhnliche Wachstum der KPD im Jahre 1932 auf lokale Vorgänge zurückzuführen ist. Aber überall im Reich war es so, daß die Erwerbslosen, die sich von der SPD abwandten, eher den Kommunisten als den Nationalsozialisten zuströmten. Die Zahl der Arbeitslosen lag 1933 in Mühlacker mit 11,8 Prozent übrigens beträchtlich unter dem Reichsdurchschnitt von 17,4 Prozent der Erwerbslosen. Zwei andere Abweichungen von der Entwicklung im übrigen Reich, die sich einstweilen nicht schlüssig erklären lassen, sollen hier nur festgehalten werden: die notorisch niedrigen Wahlbeteiligungen vor 1933, wohl das Kennzeichen eines geringen Grades an Politisierung, und die Tatsache, daß die NSDAP, die bei den Reichstagswahlen vom 6. November 1932 in ganz Deutschland gegenüber den Wahlen vom 31. Juli desselben Jahres etwa 2 Millionen Stimmen verlor, in Mühlacker sogar noch etwas dazugewann, während die im Reich erfolgreiche KPD in diesem Ort Stimmen einbüßte.

Der vorliegende Band ist aus einer vielbeachteten Schulfunksendung des Süddeutschen Rundfunks hervorgegangen. Der Autor, Bernd Burkhardt, hat überlebende Augenzeugen aus unterschiedlichen politischen Lagern befragt, alte Zeitungen ausgewertet und die Bestände des Stadtarchivs von Mühlacker gesichtet. Entstanden ist ein plastisches Bild des politischen Umschwungs im Deutschland der frühen dreißiger Jahre. Für viele Leser wird durch dieses Buch vielleicht deutlicher als bisher, was eine starke Minderheit der Deutschen vor 1933 bewog, Hitler zu wählen, und warum der »Führer« nach seiner »Machtergreifung«

bald von einer Mehrheit gestützt wurde. Was ein nationalistischer Schulunterricht und die Parolen der traditionellen bürgerlichen Rechten bewirkt haben: in den Erinnerungen der Zeitgenossen kommt es noch heute zum Ausdruck.

Es scheint, als habe das Versprechen des nationalen Wiederaufstiegs der Angst vor dem sozialen Abstieg entgegengewirkt. Niemand beherrschte die Klaviatur der nationalen Demagogie so gut wie Hitler. Die übrigen Rechtskräfte hatten keinen charismatisch begabten Führer vorzuweisen, und ähnlich wie der Glaube an die Nation diente der Kult des Führers der Überhöhung der sozialen Gegensätze zwischen den Schichten, die zur nationalsozialistischen Bewegung stießen. Keine andere Partei versprach so eindrucksvoll wie die NSDAP das, was große Teile der Ober- wie der Mittelschichten erhofften: daß die überkommene gesellschaftliche Ordnung erhalten und das demokratische System beseitigt würde, das ebendiese Ordnung zu gefährden schien.

Burkhardt hat seinem Text zeitgenössische Plakate und Photographien beigefügt, die einen lebendigen Eindruck von der Radikalisierung im Zuge der Weltwirtschaftskrise vermitteln. Der Anhang enthält eine Statistik über die soziale Struktur Mühlackers, Daten über die Wählerbewegung in der kleinen schwäbischen Stadt, in Württemberg und im Reich sowie einige weiterführende Literaturhinweise. In einem Nachwort geht Burkhardt auf die Entstehungsgeschichte seiner Schulfunksendung ein.

Für die Historiker mag Burkhardts Studie veranschaulichen, wie nützlich das ist, was die Angelsachsen »oral history« (»mündliche Geschichte«) nennen. Die Befragung vergleichsweise unbekannter Zeitgenossen kann uns über die Atmosphäre einer Zeit oft mehr Aufschluß geben als offizielle Dokumente. Vieles spricht dafür, daß die individuellen Erlebnisse und alltäglichen Ereignisse, von denen im folgenden die Rede ist, besonders gut dazu angetan sind, Interesse an der Geschichte zu wecken. Das Buch wendet sich bewußt nicht nur an Wissenschaftler, sondern an alle, die wissen wollen, warum die erste deutsche Demokratie durch die nationalsozialistische Diktatur abgelöst wurde.

Freiburg im Breisgau, im Frühjahr 1980

Heinrich August Winkler

Der Ort und sein Alltagsleben

1. Eine schwäbische Kleinstadt

Mühlacker hatte bis zur Jahrhundertwende einen weitgehend dörflichen Charakter. Mit dem Bau der Eisenbahn wurde das Dorf ein Eisenbahnknotenpunkt. Industriebetriebe siedelten sich an. Sie begannen meist als kleine Handwerksbetriebe, die erst im Laufe der Zeit die Größe kleinerer und mittlerer Firmen erreichten. Unter diesen Unternehmen waren Ziegeleien sowie Betriebe der holzverarbeitenden und der Maschinenbauindustrie. Viele der Arbeiter hatten Gärten, sogenannte »Stückle«, oder eine kleine Landwirtschaft, die sie nach Feierabend bearbeiteten. In ihrem Verwandtenkreis befanden sich Bauern, Handwerker und Kleingewerbetreibende. So kam es auch, daß viele von ihnen nicht ein Klassenbewußtsein entwickelten wie die meisten Industriearbeiter in den Ballungszentren. Bauern und Handwerker prägten nach wie vor das Bild des Ortes, als er im Jahre 1930 nach dem Bau eines Großsenders zur Stadt erhoben wurde. Um diese Zeit hatte Mühlacker etwa 6000 Einwohner. Die meisten waren Protestanten. Zur Katholischen Kirche bekannten sich rund 200 Bürger, zum jüdischen Glauben etwa zehn.

Das beschauliche Leben in der Kleinstadt bestimmte

auch die Freizeitgewohnheiten. Unser erster Augenzeuge, Fritz L., damals Elektrolehrling, berichtet:

Es gab sehr viele, die damals ihren Garten und ihren Acker hatten. In ihrer Freizeit sind sie dort gewesen; sie haben Kohl, Kartoffeln und Bohnen angebaut. Auf diese Weise hatten sie immer Beschäftigung. Wir Jungen, wir gingen abends zum Turnen in den Turnverein oder haben uns dann und wann auch auf der Straße getroffen. Wir sind auch mit dem Rad in der Gegend rumgefahren. Man hat sich mehr auch abends noch auf der Straße unterhalten, als das heute der Fall ist – auch über politische Probleme – über alles mögliche, was einen gerade interessiert hat. Die Lokale waren abends gut besucht. Wer das Geld hatte, der saß abends noch dort, und dort wurde auch viel diskutiert.

Über den Arbeitern standen die Angestellten, die unteren und mittleren Beamten, die Handwerker und kleinen Kaufleute. Die Oberschicht des Ortes bildete eine Gruppe von Honoratioren. Zu ihr gehörten Fabrikanten, Ärzte, Lehrer, leitende kommunale Beamte und Pfarrer.

Derselbe Augenzeuge berichtet:

Die haben sich damals weitgehend zurückgehalten; in ihren öffentlichen Äußerungen haben sie sich selten zu politischen Richtungen bekannt. Aber man wußte, daß einige maßgebliche Leute – gerade Pfarrer und Bürgermeister – zum Teil deutschnational, zum Teil Stahlhelm-Anhänger waren. Aber die haben das nicht zur Schau getragen.

2. Die Krise

Seit Ende 1929 hatte auch Mühlacker unter der Weltwirtschaftskrise zu leiden.
Herbert K., zu Beginn der dreißiger Jahre Realschüler, nach der Machtergreifung Standortführer der Hitler-Jugend und später in der Kreisleitung für »politische Schulung« zuständig, berichtet:

Die hat sich gerade in Mühlacker ziemlich schwerwiegend ausgewirkt, weil zahlreiche Goldschmiede in Pforzheim arbeiteten. Die Schmuckindustrie hatte natürlich unter einer Wirtschaftskrise am meisten zu leiden, weil niemand mehr Geld hatte, um sich ausgerechnet Schmuck zu kaufen. Darüber hinaus waren das Handwerk und die Landwirtschaft ziemlich in Mitleidenschaft gezogen – Mühlacker war stark vom Mittelstand durchsetzt.

Viele Betriebe gingen bankrott, andere mußten die Produktion drosseln oder vorübergehend stillegen. Kurzarbeit war an der Tagesordnung. Die Arbeitslosigkeit stieg explosiv an. Ende 1930 mußte das Arbeitsamt verlegt werden, weil es nicht mehr die Hunderte von Arbeitslosen betreuen konnte, die täglich das kleine Büro umlagerten, um ihre Arbeitslosenkarte stempeln zu lassen.

Viele Arbeitslose kehrten der SPD den Rücken und sympathisierten mit der Kommunistischen Partei, wie ein Bericht eines Arbeitslosenkomitees in der Lokalzeitung »Dürrmenz-Mühlacker-Bote« zeigt:

Am Sonntag fand in der Jakobshöhe eine gut besuchte Erwerbslosenversammlung zu der immer größer werdenden Notlage der Erwerbslosen statt. Der Referent schilderte in seinem Referat, daß Deutschland einer Katastrophe entgegentreibe und nur die revolutionäre Umwälzung des kapitalistischen Wirtschaftssystems durch das sozialistische System das werktätige Volk retten könnte. Die Versammlung zeigte eindeutig, daß die Erwerbslosen keine Hoffnung setzen auf die Phrasen der Nazis und der sozialdemokratischen Führer, die durch die Unterstützung der Brüning-Politik für das Elend mitverantwortlich sind. Die Erwerbslosen werden kämpfend den Weg zur Überwindung der bankrotten kapitalistischen Gesellschaftsordnung beschreiten.

Im Februar 1930 mußte sich der Gemeinderat mit der wachsenden Zahl von Arbeitslosen beschäftigen, die ihre Strom- und Gasrechnungen nicht mehr bezahlen konnten. Der Gemeinderat beschloß:

Erwerbslose, die zur Bezahlung ihrer Schulden nicht imstande sind, können diese bei der Stadtpflege abverdienen, soweit sie dazu körperlich in der Lage sind. Andernfalls sollen die Ehefrau oder sonstige Angehörige beschäftigt werden.

Der Gemeinderat beschloß außerdem als Folge einer Notverordnung des Reichskanzlers Heinrich Brüning die Kürzung der Beamtengehälter um sechs Prozent. Im Anschluß an diesen Punkt wurde der Stadtpfleger in eine höhere Besoldungsgruppe eingestuft; der Stadtbaumeister erhielt zusätzlich eine Aufwandsentschädigung in Höhe von zehn Prozent seines Grundgehalts. So kam es, daß zwar die kleinen Beamten zur Kasse gebeten wurden, der Status von leitenden Beamten jedoch unangetastet blieb.

3. Die nationalen Verbände

Eine wesentliche Rolle spielten die Vereine. Die Vorstände des Turnvereins und des Kriegervereins waren in der Hand der kleinstädtischen Oberschicht. Die Erinnerung an den Ersten Weltkrieg bestimmte nach wie vor das Denken vieler Menschen. So berichtet etwa der Sohn des Stadtpfarrers R.:

Ich hab' einen Onkel, der war im Ersten Weltkrieg Feldwebel-Leutnant oder so, Feldwebel-Leutnant. Der Krieg war eine Erinnerung für ihn, von der er immer wieder redete. Diese Erinnerung hat er auch gepflegt. Bei ihm fand ich auch Literatur. Also alles, was man so über den Ersten Weltkrieg und über den siebziger Krieg lesen konnte. Ich erinnere mich heute noch, da muß ich vielleicht elf Jahre alt gewesen sein, da hab' ich in einem Buch über den Krieg 70/71 vorne ein Gedicht gelesen, das sich mir eingeprägt hat. Das begann:

Es war im Jahre 70
da kam der Franzos'
er kam mit viel Spektakel,
Gegickel und Gegackel,
der Lärm war riesengroß.
Das war im Jahre 70,
als reif die Ernte stand,
da warf der deutsche Michel
ins Kornfeld seine Sichel
und nahm das Schwert zur Hand.
Das war im Jahre 70,
und Sedan hieß das Nest,
Napoleon wurd' gefangen,
mein Gott, das war nicht schlecht.

Kurz nach der Gemeinderatssitzung feierte der Veteranen- und Kriegerverein eine Jubiläumsveranstaltung, über welche die Lokalzeitung folgenden Bericht veröffentlichte:

Nach einem schneidig gespielten Marsch einer größeren Abteilung des hiesigen Musikvereins, die sich in kameradschaftlicher Weise unentgeltlich zur Verfügung stellte, konnte der erste Vorstand letzten Sonntag um 3.00 Uhr die Versammlung eröffnen. Kassier S. gedenkt in warmen Worten der rührigen, aufopfernden Tätigkeit unseres ersten Vorsitzenden, Herrn K., mit der freudigen Überzeugung, daß derselbe sich nunmehr wieder seiner vollen Gesundheit erfreuen darf und bringt auf denselben ein dreifaches Hoch aus, in das die Versammlung begeistert einstimmt. Hauptredner

der Versammlung war der Bezirksobmann der Kriegervereine, Stadtpfarrer R.:
»Unsere Väter haben das Größte erlebt, was jeder deutschsprechende Mensch schon lange wünscht: ein geschlossenes Reich zu sein. Wir Deutsche sind das Schicksalsvolk Europas. Heute kann man fragen, sind wir am Ende? Haben wir Kraft genug, uns wieder hochzuarbeiten? Heute ist erreicht, daß Nord und Süd, West und Ost wissen, daß wir zusammengehören und auch der verlorene Krieg uns nicht auseinanderreißen konnte. Wir müssen eben die Geduld lernen. Stets daran denken und nie davon sprechen. Die akute Krankheit unseres Volkes ist, daß das innere Bewußtsein fehlt, daß wir ein Volk sind. Finden wir heraus, daß, so ein Glied leidet, der ganze Körper leidet! Deshalb – nur Einigkeit macht stark! Es ist unsere Pflicht, für die Obrigkeit einzutreten und nicht alles zu kritisieren!«
Lebhafter Beifall wurde den lehrreichen Ausführungen gezollt und anschließend das Deutschlandlied gesungen.
Mit dem Mahnruf unseres hochverehrten Reichspräsidenten »Seid einig, einig, einig!« schloß der Vorsitzende die äußerst harmonisch verlaufene Versammlung. Bei Musik und Gesang saßen noch zahlreiche Kameraden in gemütlicher Stimmung zusammen.

Wer sich zum Bürgertum gehörig fühlte, war »national« gesinnt – und oft auch monarchistisch. Hören wir dazu nochmals Fritz L.:

Ich erinnere mich an meine Sonntagsschulzeit und an die allerfrühste Jugendzeit, in der ich überhaupt etwas zu hören bekam. Da hat man uns eben serviert, daß durch grundüble Elemente unser guter König Wilhelm von Württemberg zum Thronverzicht gezwungen worden sei, und man hat es sehr bedauert. Das, was nachher kam, war viel schlechter... und viele Leute wären gerne zur Monarchie zurückgekehrt.

4. Die linken Vereine

Die Arbeiterbewegung hatte eigene Vereine. Der von der Sozialdemokratie getragene Volkschor »Lassallia«, benannt nach Ferdinand Lassalle, einem der Gründerväter der deutschen Arbeiterbewegung, konkurrierte mit dem bürgerlichen »Liederkranz«. Dem bürgerlichen »Radfahrverein« stand der sozialdemokratische Radfahrerbund »Frischauf« gegenüber. Darüber hinaus gab es den Radfahrer- und Kraftfahrerbund »Solidarität«, der Sozialisten wie Kommunisten zu seinen Mitgliedern zählte. Durch die Betonung ihrer eigenen Traditionen grenzten sie sich von den bürgerlichen Vereinen ab, wie ein Bericht über die Jubiläumsfeier des Arbeiter-Radfahrer- und Kraftfahrerbundes »Solidarität« im Jahre 1931 in der Ortszeitung zeigt:

Der Arbeitergesangsverein »Volkschor« verschönte mit einigen Freiheits- und Volksliedern den Abend. Das Hauptinteresse war auf die Enthüllung des neuen Vereinsbanners gerichtet. Nach dem schön vorgetragenen Festspruch wurde dann die Hülle entfernt und zeigte uns ein in seiner Einfachheit stark wirkendes Banner. Der Vorsitzende des Vereins, Sportgenosse Ludwig R., übergab dem Bannerträger in einer Ansprache das Banner, der es mit der Versicherung, dasselbe stets in Treue wahren zu wollen, übernahm. Am Sonntag wurde die Bevölkerung ... in aller Frühe durch die melodischen Klänge der »Arbeiter-Radfahrer-Kapelle« geweckt, die musizierend durch die Straßen unseres Ortes zog.

5. Die Turner

Nationales Denken bestimmte die bürgerlichen Turner. Im Frühjahr 1931 erschien ein Bericht des Ortsausschusses für Leibesübungen und Jugendpflege, in dem die bürgerlichen Sportvereine vertreten waren:

Das laufende Jahr stellt nun das erste Jahr praktischer Arbeit dar und verspricht, den gesteckten Zielen und Erwartungen im Sinne der Körper- und Jugendpflege voll und ganz gerecht zu werden. Beabsichtigt ist die Vorführung eines Kulturfilms »Der neue Mensch« im hiesigen Lichtspielhaus. Weiterhin soll eine Werbewoche, verbunden mit einem Stadtlauf und einem Vortrag des Sportwarts, zeigen, daß die im Ortsausschuß für Leibesübungen vereinigten Kräfte stark genug sind, den idealen Gedanken, die Ertüchtigung und Stählung unseres Volkskörpers mit allen Mitteln anzu-

streben und weiter zu betreiben, auch in die Tat umzusetzen.
In der Gesundheit dieser Sportpflege liegen die Quellen des Aufstiegs sowohl des einzelnen Menschen wie auch des ganzen Volkes verborgen. – Lehrer S. berichtete über die Bedingungen und Voraussetzungen für die Verleihung des deutschen Turn- und Sportabzeichens. Möge jeder Jungturner und Sportler es als seine vornehmste Pflicht ansehen, diese Auszeichnung so bald wie möglich zu erwerben.

Wie aber sah nun das Verhältnis der nationalen Verbände und der bürgerlichen Vereine zur Weimarer Republik aus? Der ehemalige Elektrolehrling Fritz L. findet im Rückblick:

Sie waren sicher keine Stütze der republikanischen Regierung. Aber eine aktive Rolle bei der Machtergreifung haben sie als Verbände nicht gespielt; wohl aber gab es maßgebliche Funktionäre in diesen Verbänden, die aus ihrer Sympathie für den Nationalsozialismus und die Deutschnationalen keinen Hehl machten.

6. Schule und Familie

Viele Lehrer des Ortes standen der Weimarer Republik ablehnend gegenüber: Hören wir denselben Augenzeugen:

Ich kann mich nur an einen Lehrer erinnern, der eine wirklich republikanische Gesinnnung hatte, der auch aus seiner Ablehnung gegenüber dem Krieg keinerlei Hehl machte. Aber die übrigen haben mir nie den Eindruck hinterlassen, daß sie republikanisch gesinnt gewesen seien.

Im Geschichtsunterricht waren Hinweise auf die im Versailler Vertrag verlorenen Gebiete an der Tagesordnung. Herbert K. berichtet:

Da muß ich sagen, daß insbesondere auch in der Schule immer wieder betont wurde, daß das Versailler Diktat beseitigt werden müsse. Man hat von der Kriegsschuldlüge gesprochen, die uns die Kriegsschuld aufgebürdet habe. Es wurde uns gesagt, daß man deutsche Gebiete abgetrennt habe, uns Reparationen auferlegt habe und daß das für die Deutschen, die doch vier Jahre lang nun wirklich aufopfernd gekämpft hatten, einfach eine Schande sei – die wieder beseitigt werden müsse, und das Ansehen des deutschen Volkes müßte wiederhergestellt werden.

Schulfeiern standen ganz im Geist nationaler Gesinnung, wie der Jahresbericht der evangelischen Volksschule über die Schlußfeier im Jahre 1931 zeigt:

Im Mittelpunkt der Darbietungen stand ein Lichtbildervortrag von Herrn Hauptlehrer E. über die Siebenbürger Sachsen. Es war eine kleine Probe der Arbeit, die unter dem Namen »Das Deutschtum im Ausland« dem Stoffgebiet der 8. Klasse eingereiht ist und die den Kindern die Gebiete der Erde, in denen die deutsche Zunge erklingt, vor Augen führt und sie ahnen läßt die gewaltigen schaffenden Kräfte, die zu allen Zeiten im deutschen Volk vorhanden waren.

Der Vortrag verstand es, die deutschen Bewohner des Banats, ihre Sitten und Gebräuche anhand von Lichtbildern den Anwesenden vor Augen zu stellen. Er konnte aber auch nicht vorübergehen an dem Kampf, den diese 200 000 Deutschen gegen ihre Landesherren – früher die Ungarn und heute die Rumänen – um ihr Deutschtum zu führen haben. Ein Kampf, den sie durch ihre Seßhaftigkeit, ihre alten Sitten und Gebräuche, ihre alten Trachten und namentlich mit Hilfe ihrer deutschen Kirche und Schulen bis jetzt siegreich bestanden haben.

Aus rhythmischen Übungen der Mädchen spürte man die Art des heutigen Mädchenturnens. Die Knaben wollten zeigen, daß sie auf dem Gebiet der Leibesübungen doch immer noch die erste Geige spielen. Unter Leitung von Lehrer L. sah man sowohl streng gebundene, exakt aufgeführte Körperschule, als auch Freude und Frohsinn schaffende und trotzdem Gesundheit fördernde Bodenübungen.

Zum Schluß wandte sich der Rektor an die um ihn versammelten Entlaßschüler:

»Unsere harte Zeit erfordert ganz besonders mutige Menschen. Trotzdem bleibt unverzagt. Macht euren Eltern und Lehrern, die euch im Geiste begleiten, immer Freude und Ehre; seid treu und wahr! Vergeßt nicht, daß wir alle in Stadt, Land und Reich zusammengehören zu einer Einheit. Verschließt euch nicht der Not und dem Rufe des Volkes. Über allem vergeßt nicht Schillers Mahnruf: ›Überm Sternenzelt muß ein lieber Vater wohnen.‹ Er möge euch behüten und begleiten.« Stadtpfarrer R. sprach für die Eltern. Abend und Stimmung verklang im Deutschlandlied. Während im verflossenen Schuljahr ein starker Lehrerwechsel vorhanden war, tritt der Lehrkörper in fester Ordnung ins neue Schuljahr ein.

In einem Artikel des »Dürrmenz-Mühlacker-Boten« wurden Versuche kritisiert, die Schule der Weimarer Republik zu demokratisieren:

Die Schule ist keine Veredelung des Kindergartens, der Freude und Spiel vermittelt. Der Schatten einer Zukunft voll verantwortungsvoller Arbeit läßt sich von ihr nicht verscheuchen. Die Schule der deutschen Nachkriegsdemokratie wollte für eine Welt erfüllter Lebensansprüche erziehen. Sie schuf den wohnlichen Schulraum mit allen Finessen der Hygiene, um mit Erfolg die Sehnsucht nach einem erhöhten Lebensstandard zu erwecken. Sie ermöglichte weite Ausflüge und Studienreisen ganzer Klassen, um Herz und Sinn aufzuschließen. Die Kinder sollen vielmehr zu einem schweren Berufsleben erzogen werden und dürfen nicht in Ansprüchen aufwachsen, die ihnen das Leben wahrscheinlich später nicht erfüllen kann. . . . Die

Schule soll auch kein Sanatorium sein, in dem man es nur mit Kranken zu tun hat.

Die Prügelstrafe gehörte in der Volksschule und in der Anfang des Jahrhunderts gegründeten Realschule zum Alltag: Dem Sohn von Stadtpfarrer R. hat sich ein häufig wiederkehrendes Erlebnis besonders eingeprägt:

Ich erinnere mich zum Beispiel an einen Lehrer in der zweiten Klasse der Realschule, der jeden Morgen einen Mitschüler an die Tafel herausholte – in der Annahme, daß dieser seine Vokabeln nicht richtig gelernt hatte, was auch jedesmal zutraf – und der ihn dann dort an der Tafel derartig prügelte, daß der Schüler furchtbar schrie. Für uns war das irgendwie ein ganz makabres Schauspiel, mit dem eigentlich jeder Tag begann. Diese Erlebnisse haben nun mich dazu gebracht, daß, wenn ich zu Hause meine Vokabeln in meinem Zimmer lernte, ebenfalls immer einen Stock hatte, und wenn mir ein Wort nicht sofort einfiel, dann schlug ich auf meine Bettdecke, in der Annahme, ich hätte einen fiktiven Schüler vor mir, den ich jetzt verprügele, weil er die Antwort nicht richtig gibt.

Schon früh lernten die Kinder die Bedeutung von Rangunterschieden kennen, so auch der Sohn des Stadtpfarrers:

Ich kam mit sechs Jahren in die erste Klasse der Volksschule in Dürrmenz. Dort wurden am Ende des Schuljahres Zeugnisse ausgegeben, und da wurde für jeden der Sitzplatz errechnet nach seinem Durchschnitt. Ich war damals der dritte in dieser Klasse. Mit uns in der Klasse war der Sohn eines Lehrers, der nun die nächste Klasse übernahm. Er konnte es nicht verwinden, daß sein Sohn von dem Lehrer der ersten Klasse als vierter eingestuft war. Seine erste Handlung war, daß er die Sitzordnung änderte. Sein Sohn wurde erster, und ich wurde damals zweiter. Der eigentliche erste wurde dann dritter.

Körperliche Züchtigung als Mittel der Wiederherstellung der familiären Ordnung wurde häufig in rituellen Formen praktiziert. Der Pfarrerssohn berichtet:

Ich bin also mindestens bis zu meinem 8. Lebensjahr noch von meinem Vater – wenn ich ihn entsprechend etwas gebost hatte – verprügelt worden. Er war ein etwas militaristisch angehauchter Mann, und das Kommando lautete: Leg dich rüber! Und dann mußte ich mich über einen Stuhl legen. Das Meerrohr stand an einer bestimmten Stelle griffbereit, und ich wurde dann verprügelt.

Nicht nur in der Schule und in der Familie, sondern auch in den Jugendgruppen wurden die Kinder im nationalen Geist erzogen, wie ein Bericht über eine Österreich-Fahrt der christlichen Pfadfinder zeigt:

Zweitausend Meter ragen die Zacken der Solsteinkette über dem Häusermeer Innsbrucks in den

Himmel, und fast ebenso hoch steigt die andere Talseite empor. All die reizvollen Bilder der Stadt, ihre Lauben und Erker, ihre Türme und Gäßchen bleiben in der Erinnerung haften. Die kunstvollen Erzstandbilder und das Grabdenkmal Maximilians und das Denkmal Andreas Hofers auf dem Iselsberg zeigen den Freiheitssinn des wackeren Tiroler Volkes. Der unerschrockene Sandwirt vom Passeier mahnt auch uns, die deutschen Brüder in Südtirol nicht zu vergessen, die unter der Gewaltherrschaft der Italiener seufzen. Bald ist der Abschiedstag gekommen. Beim Scheiden drängen sich uns die wehmutsvollen Verse des Volksliedes auf die Lippen »Innsbruck, ich muß dich lassen«.

7. Die »Nationale Opposition« macht mobil

Im Februar 1931 entfaltete ein scheinbar über den Parteien stehender Verband, der 1918 gegründete »Stahlhelm«, der sich als »Bund der Frontsoldaten« bezeichnete, in Mühlacker eine bemerkenswerte Aktivität. Mit einem Flugblatt wurde die Bevölkerung zu einer Großveranstaltung eingeladen:

Was ist der Stahlhelm?
Der Stahlhelm ist ein vaterländischer, über den Parteien stehender Bund. In ihm sind die alten Frontkameraden vereinigt, die das gewaltige Erleben der Front zu einem neuen Geschlecht formte, die sich über alle Schranken des Standes, der

Partei, der Konfession, des Besitzes in der Not zusammengefunden hatten und diesen opfer- und einsatzbereiten Frontgeist über den Krieg hinausretteten, ihm die Führung einer starken Staatsgewalt übertragen und damit der Zukunft des Volkes nutzbar machen wollen. ... Aufklärung über Wesen und Ziele des Stahlhelms zu geben, Stahlhelmgeist in der Bevölkerung zu wecken, Jugend für ihn zu gewinnen, das ist der Zweck der Versammlung, die am Samstag stattfindet. Militärmärsche werden zur Unterhaltung beitragen.
Ihr alten vaterländisch gesinnten Frontsoldaten, Männer und Jungmannen, erscheint in Massen zu diesem vaterländischen Abend!

Der Versuch, die Basis der Ortsgruppen des nationalen Traditionsverbands zu verbreitern, war ein voller Erfolg, wenn man einem Bericht des Lokalblattes glauben darf:

Die Veranstaltung am Samstag in der »Kanne« kann für den Stahlhelm als Erfolg verbucht werden. Hatten sich doch weit über 400 Männer eingefunden, die damit das Interesse an der Bewegung bewiesen. Die in Uniform erschienenen auswärtigen Ortsgruppen, welche sich mit Spielmannszügen und Fahnen eingefunden hatten, machten einen vorzüglichen Eindruck, der durch die straffe Manneszucht und die Entschlossenheit der einzelnen noch vermehrt wurde. Nach einigen flott gespielten Märschen wurde die Versammlung eröffnet und dem Redner des Abends, Herrn Architekt

M. aus Pforzheim, das Wort erteilt. Hohe, von echt vaterländischem Geist zeugende Worte waren es, die zündend in die Herzen fielen. Der Redner zeigte, wie das Erleben der Front die Kameradschaft auch nach dem Krieg erzeugte und fortbestehen ließ, wie reine Vaterlandsliebe den Stahlhelm gründete. Eine Bewegung, die über den Parteien steht und die sich im nationalpolitischen Sinne für die Belange des Staates einsetzt und sie verteidigt.

Stärkung der Staatsgewalt, Reinigung des Staates von Parteibuchbeamten, Wiederherstellung von Treu und Glauben, Erziehung der Jugend zur Wehrtüchtigkeit und zur Arbeit sind innenpolitische Ziele des Stahlhelms. Seine außenpolitischen Ziele liegen in der Erringung der Gleichberechtigung Deutschlands in der Völkergemeinschaft, in der Wiederherstellung der Wehrmacht, der Befreiung von unerträglichen Tributlasten und vor allem in der Beseitigung der Kriegsschuldlüge. Gerade, weil der Stahlhelm über den Parteien steht, wird ihm die Erreichung der gesteckten Ziele leichter gelingen. Darum ist es Pflicht aller vaterländisch gesinnten Männer und Jungmannen, ob sie an der Front standen oder nicht, die Reihen des Stahlhelms durch ihren Beitritt zu stärken und sich so einzusetzen für ein einiges, freies und starkes Vaterland. Rauschender Beifall belohnte die trefflichen Ausführungen, denen das Deutschlandlied folgte.

Die Worte des Redners wurden in dem nun gezeigten Film über den Stahlhelmtag 1929 in München

wirksam unterstützt. Es war herzerhebend, Tausende, Zehntausende, ja Hunderttausende Stahlhelmer, jung und alt, Frontsoldaten und Jungmannen aus dem engeren und größeren Deutschland in Zielsicherheit, Opferbereitschaft und Ordnung am Auge vorbeiziehen zu sehen.
Nach einigen Märschen wurde mit dem Lied »Oh, Deutschland hoch in Ehren« und einem kräftigen »Front Heil« der vaterländische Abend, der in allen Teilen harmonisch und in mustergültiger Ordnung verlief, geschlossen. Die Saat des Abends kann in den zahlreichen Anmeldungen erblickt werden, die am Samstag der Ortsgruppe des Stahlhelms zugingen, welcher weitere Beitrittserklärungen von vaterländisch gesinnten Männern und Jungmannen entgegennimmt.

Wenige Tage vorher erschien im »Dürrmenz-Mühlakker-Boten« ein Artikel, der die Absichten des angeblich über den Parteien stehenden Stahlhelms näher beleuchtete:

Am Samstagabend sprach der Reichsführer des Stahlhelms, Franz Seldte, vor 1500 Personen in Freiburg. Der Kampf des Stahlhelms, so betonte er, der nunmehr mit neuer Kraft einsetzte, sei ein solcher gegen den Marxismus. Das eingebrachte Volksbegehren in Preußen sei der erste Großangriff der sogenannten Achse der nationalen Kräfte. Die nationalen Gruppen in Deutschland müßten der Regierung endlich klarmachen, daß die Stimmung im deutschen Volke sich seit 1918 wesentlich geändert hat. Ohne die Vorarbeit des Stahlhelms wäre der Wahlausgang vom September 1930 für die nationale Bewegung nicht so günstig gewesen. Der Stahlhelm werde getrennt marschieren, aber mit Hitler und den Nationalsozialisten gemeinsam schlagen.

Das Volksbegehren, von dem Seldte sprach, war am 4. Februar 1931 vom »Stahlhelm«, den Deutschnationalen und den Nationalsozialisten – den wichtigsten Trägern der sogenannten »Nationalen Opposition« – eingebracht worden, um die sozialdemokratisch geführte preußische Koalitionsregierung unter Otto Braun zu Fall zu bringen. Obwohl auch die Kommunisten, die die Sozialdemokraten als »Sozialfaschisten« bekämpften, den anschließenden Volksentscheid am 8. August 1931 unterstützten, fand er keine Mehrheit. Bei den Reichstagswahlen vom September 1930, auf die der »Stahlhelm«-Führer ebenfalls hinwies, hatten die Nationalsozialisten endgültig den Durchbruch zur Massenpartei geschafft: Sie erhielten 18,3 Prozent der abgegebenen Stimmen und 107 statt bisher 12 Sitze im Reichstag.

Kleine Stadt und große Politik: 1930–1932

1. 14. September 1930: Der Durchbruch der NSDAP

In den »Blütejahren« der Weimarer Republik von 1925 bis 1929 stimmte die Mehrheit der Bevölkerung von Mühlacker für die Parteien, die die Weimarer Republik trugen. Die Arbeiter waren mehrheitlich Parteigänger der SPD. Die mittelständischen Schichten, die Beamten, Angestellten und Handwerker, stimmten in der Regel für eine der liberalen Parteien, für die Deutsche Demokratische Partei, die DDP, oder für die Demokratische Volkspartei, die DVP. Die Fabrikanten, die leitenden kommunalen Beamten und die Lehrer sympathisierten entweder mit der DVP Stresemanns oder aber auch mit der Deutschnationalen Volkspartei, die der Republik ablehnend gegenüberstand. Die Nationalsozialisten und Kommunisten hatten zu jener Zeit der relativen wirtschaftlichen Blüte nur wenige Anhänger. In dieser Ära von 1925 bis 1929 traten die politischen Parteien in Mühlacker nur bei Wahlkämpfen in der Öffentlichkeit auf.

Im Zeichen der beginnenden Weltwirtschaftskrise mußte die letzte Koalitionsregierung, die sich auf eine Mehrheit im Reichstag stützen konnte, zurücktreten. Die Koalitionsparteien, die beiden liberalen Parteien, das Zentrum und die Sozialdemokraten konnten sich

auf kein gemeinsames Konzept zur Bekämpfung der Krise einigen. Nachfolger des sozialdemokratischen Reichskanzlers Hermann Müller wurde Ende März 1930 Heinrich Brüning, ein konservativer Zentrumspolitiker. Er regierte ohne feste parlamentarische Mehrheit – seit dem Sommer lediglich auf Notverordnungen des Reichspräsidenten von Hindenburg gestützt. Die Folge: politische Labilität.
Auch in Mühlacker wurde das Prestige der ehemaligen Koalitionsparteien ramponiert. Kundgebungen und Versammlungen häuften sich. Als der Reichstag Mitte Juli 1930 Brünings erste Notverordnung zur »Sicherung von Wirtschaft und Finanzen« aufhob, wurde er vom Reichspräsidenten aufgelöst. Im anschließenden Wahlkampf trat auch die bis dahin relativ unbedeutende Ortsgruppe der NSDAP hervor:

Am 14. September findet die Neuwahl des Reichstages statt. An diesem Tag soll das deutsche Volk entscheiden, ob es gewillt ist, sich weiterhin an der Nase herumziehen zu lassen, das heißt, ob es sich mit leeren Versprechen hinhalten lassen will, bis es aus dem letzten Loch pfeift, oder ob es den sich bietenden günstigen Augenblick erfassen und mittels dem Stimmzettel den bisherigen Machthabern, diesen Postenjägern und Parasiten am Volkskörper, die Antwort erteilen will, die diesen gebührt. Die Antwort nämlich, hinaus mit euch aus dem Reichstag! Hierüber eine klare Entscheidung herbeizuführen, das ist Sinn und Zweck der Wahl am 14. September ...
Die Männer der Regierung wissen keinen Rat

mehr. Sie lösen den Reichstag auf, der ja schon längst seine Daseinsberechtigung verloren hat. Nun will man wiederum das deutsche Volk benebeln. Die Partei, die sich offenbar ihres bisherigen Namens schämte, die Demokratische Partei, ist im Begriff, dem gutgläubigen Volke einen neuen Trick vorzuführen. Unter Mithilfe eines politischen Verwandlungskünstlers, eines gewissen Arthur Mahraun [des »Hochmeisters« des »Jungdeutschen Ordens«, B. B.], und einigen Nachläufern wird mit hochtrabendem Phrasengedresche eine neue Partei aufgemacht, die sich stolz Staatspartei nennt. Weil diese Leute so gründlich abgewirtschaftet haben, daß sie unter ihrem ehemaligen Parteiaushängeschild keine Diäten mehr erkämpfen können, mit anderen Worten, weil man diese Leute gründlich durchschaut hat, deshalb wird die alte Firma umbenannt, und es entsteht die Staatspartei. Es heißt nun für alle Wähler aufgepaßt, Hände weg von diesem Gebilde, mit dem man wirklich keinen Staat machen kann. Jeder ehrliche Deutsche wendet sich mit Ekel ab, von solchen Volksvertretern, die keine sind und keine waren.

Bei den Reichstagswahlen vom 14. September 1930 gingen von den rund 4000 Stimmberechtigten von Mühlacker etwas mehr als 3000 zur Wahl. Eindeutiger Gewinner der Wahl war die Partei Hitlers: Sie erhielt 681 oder fast ein Viertel aller abgegebenen gültigen Stimmen. Eine Woche vorher annoncierten die Nationalsozialisten in der Lokalzeitung:

Große öffentliche Massenredner-Versammlung!
Redner: Reichstagskandidat v. Jagow.
Thema: Der Sturm bricht los! Laßt euch nicht wieder durch die alten Parteien der Bonzen und Profitler betrügen! Wollt ihr weiterleben wie bisher? Wählt SPD und Bürgerbrei! Wollt ihr aber, daß gründlich ausgemistet wird, dann könnt ihr euch zur NSDAP bekennen!
Zum letzten Mal wird zum Appell geblasen,
zum Kampf stehen wir alle schon bereit.
Bald flattern Hitlerfahnen über allen Straßen,
die Knechtschaft dauert nur noch kurze Zeit.

Die SPD attackierte in ihren Wahlannoncen die NSDAP und die KPD:

Nicht der Wahnwitz der Hakenkreuzler und Moskau-Jünger kann hier Änderung bringen. Die Nationalsozialisten sind die Knüppelgarde des Großkapitals. Die Kommunisten werden von den Scharfmachern als »nützliche« Werkzeuge gepriesen, weil sie die gefürchtete Sozialdemokratie schwächen.

786 Wähler des Ortes stimmten für die Sozialdemokraten, die damit stärkste Partei blieben. Der Spitzenkandidat der ehemaligen Deutschen Demokratischen Partei, die sich nun Deutsche Staatspartei nannte, war in Württemberg Theodor Heuss:

Wir wollen das deutsche Volk und seine Kultur erhalten, die Freiheit der Wissenschaft und Kunst

Oeffentliche Versammlung des Christl. Volksdienstes.

Am Samstag, den **9. April,** abends ½9 Uhr spricht im „Kannensaal"
in **Mühlacker** Herr Reichstagsabgeordneter Simpfendörfer,
Reichsführer des Christlichen Volksdienstes

über das Thema:

„Der Entscheidungskampf im Reich und Ländern"

Mit banger Sorge sehen heute Millionen deutscher Volksgenossen in die Zukunft. Was wird aus der deutschen Wirtschaftskrise werden? Wird die Reichsregierung die Riesenarbeitslosigkeit meistern? Welche Wege wird die deutsche Außenpolitik im Revisionskampf gehen? Überall eine dunkle Zukunft. Partei steht gegen Partei. In diesem Streit und Hass erhebt der Volksdienst den Ruf zur Sammlung und zur Volksgemeinschaft auf der Grundlage einer Politik aus dem Glauben. Möchten ihn viele hören.
Alle evangelischen Wahlberechtigten – Männer und Frauen – sind herzlich eingeladen.

Christlicher Volksdienst für Württemberg.

Verantwortl. Geschäftsstelle des Christlichen Volksdienstes, Korntal. Druck: H. Henkel, Stuttgart-Zuffenhausen.

In den ersten Jahren der Krise – etwa bei den Reichstagswahlen im September 1930 – stieß der Christlich-Soziale Volksdienst im pietistisch gefärbten Mühlacker auf eine starke Resonanz.

wahren. Darum ist der Spitzenkandidat Theodor Heuss. Er ist der Mann der Jugend und der deutschen Geisteskultur.

Für die gemeinsame Liste der Staatspartei und der Deutschen Volkspartei stimmten 464 Bürger des Ortes. Sie standen damit, trotz empfindlicher Verluste, an dritter Stelle in der Wählergunst. Zum erstenmal meldete sich der Christlich-Soziale Volksdienst, eine vom schwäbischen Pietismus getragene Bewegung, in der Ortszeitung zu Wort:

Die Sitze sind käuflich geworden. ... Die Parteien ... ziehen ihre Gegner in den Schmutz. Verhetzung links und rechts, Klassenkampf! Deshalb haben sich Männer, die wollen, daß dem Willen Gottes im öffentlichen Leben Gehör und Gehorsam verschaffen werde, zum Christlich-Sozialen Volksdienst zusammengeschlossen. Die Schicksalsfrage unseres Volkes besteht darin, ob es sich unter oder über Gott stellt.

Diese Bewegung erhielt 304 Stimmen. Die KPD, die sich unter dem Motto »Kommunismus oder Faschismus« in einer Wahlversammlung präsentierte, landete mit 281 Stimmen auf dem fünften Rang. Für das katholische Zentrum entschieden sich in dem vorwiegend evangelischen Ort lediglich 95 Wähler. Die Deutschnationale Volkspartei, die einen zusehends rechtsradikalen Kurs einschlug, und der politisch mit ihr liierte Weingärtner- und Bauernbund konnten auf ihrem Konto rund 200 Stimmen verbuchen. Die restlichen Stimmen entfielen auf Splittergruppen, darunter die Reichspartei des deutschen Mittelstandes, die aber häufiger gewählt wurde als das Zentrum. Die Verunsicherung in weiten Kreisen des Ortes äußerte sich in einer wachsenden Distanz zu den Parteien, die bisher die Weimarer Republik getragen hatten. Herbert K. erinnert sich:

Sie waren eben einerseits durch die Mißerfolge ihrer Regierungen, vor allem dann auch noch durch die Brüningsche Zeit schon ziemlich in Mißkredit geraten und haben sich nicht mehr sehr viel getraut. Eigentlich haben sie sich ziemlich im Hintergrund gehalten. Man war allgemein der Ansicht, daß sie mit dafür verantwortlich waren, daß die Regierung und der Staat abgewirtschaftet hatten. Deshalb hat man von ihnen eigentlich keine Besserung erhofft. Auch kein Aufhalten und kein Bremsen der sogenannten Nationalen Erhebung, wie es dann ja auch gekommen ist!

Im April 1931 sprach der Reichstagsabgeordnete Otto Kleinert von der Deutschen Volkspartei vor seinen Parteifreunden in unserem Ort. In der Lokalzeitung stand:

Kleinert sprach von der innerdeutschen, der wirtschaftlichen Not, daß wir ein Volk minderen Rechts geworden sind. Das habe zu einem Reizzustand und der Gefahr der falschen Mittel geführt, daß fanatische Pläne aus Niederbrüchen heraushelfen sollen. Aber die Rettung geschehe nicht durch technische Tricks und leidenschaftliche Ausbrüche des Gefühls, sondern durch Arbeit, Sparsamkeit und Klugheit. Die Regierung strebe einen gesunden Aufbau, daher die Unterstützung der privaten Bewirtschaftung, der Landwirtschaft, des Kleingewerbes, der Industrie auf der einen und Senkung der Ausgaben und Lasten auf der anderen Seite an. Wenn auf diesem Wege, außenpolitisch einmal eine scharfe Kurve gefahren werde, dann gelte es, diese Politik geschlossen und allgemein zu unterstützen und nicht, wie es immer wieder geschieht, wankelmütig zu Fall zu bringen.

Die meisten Ausführungen richteten sich an all die sichtbaren Schäden und Zustände, sie rührten an die Machtstellung der Sozialdemokratie und des Zentrums, die Irrtümer rechts und links, die Revision des Young-Planes usw.
Es war ein düsteres Bild, jedoch nicht ohne Hoffnung, daß wir aus der furchtbaren Not wieder in die deutsche Freiheit durchdringen werden. Es ist selbstverständlich, daß die mit Spannung gefüllte Zeit und die Sorgen, die jeden bekümmern, zu einer regen Aussprache führten, an der sich die Herren Dr. R., Oberlehrer H., die Fabrikanten Georg und Karl H., Ingenieur H. beteiligten, und die dem Abgeordneten Gelegenheit gab, jedem einzelnen Rede und Antwort zu stehen. Der Leiter des Abends, Herr M., dankte dem Abgeordneten ... für den wertvollen Abend.

2. Die kleinstädtischen Honoratioren driften nach rechts

Die Deutsche Volkspartei konnte bis 1930 mit den Stimmen vieler Honoratioren des Ortes rechnen. Fabrikanten, freiberufliche Akademiker und höhere Beamte gehörten zu ihrer Wählerschaft. Als die Wirtschaftskrise sich jedoch dramatisch verschärfte und sich die politischen Fronten verhärteten, begannen diese Kreise mit den sogenannten »Nationalen Verbänden« zu sympathisieren. Der Leiter des Diskussionsabends der Deutschen Volkspartei war zugleich der

Initiator der Ortsgruppe des »Stahlhelm«. Zwei andere Aktivisten des »Stahlhelm«, ein Sparkassenbeamter und ein Rektor, waren ebenfalls Mitglieder der Deutschen Volkspartei, der Partei des im Jahre 1929 verstorbenen früheren Außenministers Gustav Stresemann. Der Sparkassenbeamte beschreibt die Zeit der Wirtschaftskrise und seine Beweggründe, in den »Stahlhelm« einzutreten, in seinen unveröffentlichten Lebenserinnerungen:

Der Stahlhelm entstand auf der Suche nach einer Verständigung außerhalb der verfahrenen Politik, die erst recht gehässig wurde durch die neu gegründete Nationalsozialistische Deutsche Arbeiterpartei unter dem immer lauteren Trommelwirbel ihres Führers Adolf Hitler. Im Stahlhelm glaubte ich eine Sammlung der Leute für möglich, denen die Parteizersplitterung und die Parteilehre, denen aber auch die Phrasen und Schlagworte der NSDAP zuwider waren. Die Sorge für Volk und Vaterland lag mir am Herzen. Wir standen doch tatsächlich wirtschaftlich am Abgrund. In der NSDAP gefielen mir vor allem nicht das große Geschrei, das Herkommen und die charakterliche Haltung der doch bekannten örtlichen Organe und endlich nicht die Großmannssucht und Religionsfeindlichkeit, mit welcher sie auftrat. Ich konnte mich mit der neuen Partei nicht verständigen, blieb aber loyal und abwartend. Aus altpietistischer Familie als zehntes von elf Kindern . . . geboren, ist mir soziale Gesinnung und Handlung Inhalt und Aufgabe meines Lebens geworden. Vater-

landsliebe und Pflicht gegen Volk und Vaterland ist mir im Elternhaus und während meiner ganzen Bildungslaufbahn zum Bewußtsein gebracht worden. Als Beamter war mir immer neben der Einhaltung des geleisteten Treuegelöbnisses die Liebe zu den Volksgenossen und der Dienst am Volk in und außer Dienst freudiges Gebot.
Der Stahlhelm war eine mannhafte Kameradschaft, durchweg alte Frontsoldaten, denen das Vaterland lieb war. Auch die Familien nahmen an dieser Erhebung und Befreiung aus der Knechtschaft aufrichtig Anteil, ohne an neuen Haß und Revanche zu denken. So war auch meine Frau Mitglied des Luisenbundes und die Kinder im Kornblümchenbund, eine Stahlhelmfamilie von deutschem Geist.

Man begann über eine mögliche Regierungsbeteiligung der Nationalsozialisten zu diskutieren. Anfang Januar 1931 erschien im »Dürrmenz-Mühlacker-Boten« folgende Meldung:

Was halten Sie von einer Regierungsbeteiligung Hitlers? So lautete eine Umfrage der Deutschen Allgemeinen Zeitung, die das Blatt bei maßgebenden Politikern veranstaltete. Darauf hat der Generaloberst von Seeckt, der der Deutschen Volkspartei angehört, mit einem Ja geantwortet. Er sehe in der Hitlerpartei einen Keil, dessen stählerne Spitze die Vernunft sei, die gegen die Wand des Hemmnisses vorgetrieben werde. Bei dem Stoß dieses Keils werden Späne fliegen. Das ist unvermeidlich. Es werden die Feigen sein, die Lauen und Undeutschen, die Formalisten und die Bürokraten. Und es wird nicht schade um sie sein.

Beflügelt vom Ausgang der Reichstagswahl vom 14. September wandten sich im Januar 1931 die Nationalsozialisten erneut mit einer Zeitungsannonce an die Bevölkerung:

Knüppel-Kunze spricht am Sonntag in Mühlacker. Die Nationalsozialistische Deutsche Arbeiterpartei, Ortsgruppe Mühlacker, tritt nach langer Pause mit einer großen öffentlichen Versammlung vor ihre Wählerinnen und Wähler. Der unstreitig große Wahlerfolg am 14. September hat die Nationalsozialistische Partei nicht übermütig gemacht. Sie weiß vielmehr genau, daß es eben nur ein großer Erfolg, aber kein Endsieg war. Nach jeder Schlacht den Helm fester gebunden, heißt für die Partei die Parole. Den Todfeinden des Nationalsozialismus blieb ob des Wahlausgangs zunächst die Spucke weg. Nachdem sie sich aber einigermaßen von ihrem Schreck erholt haben, werden sie wieder herausfordernd und anmaßend. Es werden wieder derart viel Kübel Schmutz über den Nationalsozialisten ausgeleert, derart viel Lügen und Gemeinheiten verbreitet, daß es notwendig erscheint, mit unserer Zeitung diesen Heuchlern und Betrügern die Maske vom Gesicht zu reißen. Man braucht sich zwar über die Anstrengung der Gegner des Nationalsozialismus, diese ständigen Beschmutzer und Verleumder, nicht mehr zu wundern. Die Gegner brauchen diese Methoden, die ja schon immer ihre stärksten Waffen waren, um den unbequemen Gegner verächtlich zu machen. Es nützt jedoch nichts. Der Nationalsozialismus marschiert dennoch. Immer größer wird das Heer vom Hakenkreuz. Der Nationalsozialismus muß und wird siegen. Wer ist nun Knüppel-Kunze? Es handelt sich um den früheren Reichstagsabgeordneten Richard Kunze, einen in ganz Deutschland bekannten, ehrlichen und darum gefürchteten Politiker. Von den Sozialdemokraten und ihrem Anhang gehaßt wie die Pest, von den Juden und deren Genossen verachtet und bespien. Diese haben dem Herrn Kunze den Ehrennamen »Knüppel-Kunze« verliehen. Grund genug für den Nationalsozialisten, sich zu freuen, daß dieser ehrliche und aufrichtige Kämpfer in ihren Reihen steht. Warum man ihn Knüppel-Kunze nennt, wird der Redner seinen Zuhörern selbst verraten. Knüppel-Kunze spricht über das Thema, das zur Zeit sicher interessant ist: »Deutschland vor dem Staatsbankrott«. Was wird aus Spargeldern, Gehältern, Pensionen und Arbeitslosenunterstützung? Wer bringt noch Rettung vor fürchterlichstem Zusammenbruch?

Die Juden wurden zwar in Mühlacker mit einer gewissen Skepsis betrachtet – militanter Antisemitismus wie in diesem Aufruf war jedoch nur selten anzutreffen. Fritz L. berichtet:

Als ich zum erstenmal vom Antisemitismus hörte,

da kam mir das sehr fremd vor; denn im Haus meines Großvaters ist immer ein jüdischer Viehhändler aus und ein gegangen. Mit dem war mein Großvater per Du, der hat auch manchmal ein Stück Vieh, das er gerade nicht verkaufen konnte, dort eingestellt. Mein Großvater sagte zwar immer: »Du bist ein Spitzbub«, aber im Grunde hat er immer wieder irgendwelche Geschäfte mit ihm gemacht. Er fand ihn nicht so schlecht, und ich fand ihn eigentlich auch immer ganz passabel. Aber im Laufe der Zeit hat man von diesen Parolen doch einiges mitbekommen und hat zeitweise tatsächlich geglaubt, daß die – man nannte sie damals »Novemberverbrecher, die der Front in den Rükken gefallen sind«, daß das vorwiegend oder zum großen Teil auch Juden gewesen seien. Man hat sie mit den maßgeblichen Leuten der Republik in einen Topf geworfen.

3. Die SA tritt auf

Mehrere Parteien der Weimarer Republik verfügten über halbmilitärische Verbände. Die NSDAP hatte ihre Sturmabteilung, die SA. In Mühlacker gab es sie seit Ende der zwanziger Jahre; auch hier zog es manchen jungen Mann dazu, Mitglied dieser Organisation zu werden – zum Beispiel den uns schon bekannten Fritz L.:

Ich bin zunächst deshalb einfach mitgelaufen, weil da in meiner Nachbarschaft ein paar waren, die ich ganz sympathisch fand und die am Wochenende dort mitgingen. Da bin ich zunächst auch mitgelaufen und bin dabei konfrontiert worden, mit dem, was man damals politische Diskussion nannte. Ich habe mich dafür interessiert, dabei habe ich festgestellt, ich weiß doch verdammt wenig. Da habe ich angefangen, das nachzulesen, was mir in der Zeit erreichbar war. Ich habe angefangen, mich politisch damit auseinanderzusetzen. Das hat mich dann im weiteren Verlauf überhaupt zu einem politisch interessierten Menschen gemacht.

Der damalige Elektrikerlehrling schildert heute, aus welchen Schichten der Kleinstadt sich die SA Anfang der dreißiger Jahre rekrutierte:

Da gab es sehr viel Leute, die aus Beamtenfamilien stammten – es gab auch Kleingewerbetreibende. Einige waren entlassene Reichswehrsoldaten – die »Zwölfender«, wie man damals sagte; und Unzufriedene, mit den Verhältnissen Unzufriedene. Es gab ja in der Zeit auch viel Arbeitslose, aus den Kreisen der Arbeitslosen waren einige dabei, auch Lehrer. Es gab auch ein paar Beamte, von denen man es nicht wissen sollte, daß sie dabei sind; aber vor allen Dingen kleine Geschäftsleute.

Andere Bürger des Ortes hielten sich im Hintergrund und unterstützten die NSDAP und ihre Gliederungen, wie Fritz L. sich erinnert, lediglich mit Spenden:

Es gab damals die fördernden Mitglieder. Es gab

fördernde Mitglieder bei der SA, bei der Partei, nachher auch bei der SS. Das waren Leute, die zahlten einen Beitrag, die wollten aber nicht in Erscheinung treten. Es waren vor allen Dingen Gewerbetreibende, die fürchteten, durch ihr Sich-Bekennen wirtschaftlichen Schaden zu erleiden.

Die SA hatte einen militärischen Aufbau. Regelmäßig fanden Zusammenkünfte statt:

Da gab es Schulungsabende, dann gab's auch Übungsabende. An diesen Übungsabenden wurde auch Waffenunterricht erteilt. Und es war eigentlich manchmal schon so mindestens die Überlegung mit drin, daß es vielleicht mal zu bürgerkriegsähnlichen Handlungen kommen könnte und daß man darauf gerüstet sein müsse.

Daß gerade Teile der jungen Generation für die Parolen der Nationalsozialisten anfällig waren, sieht Fritz L. auch vor dem Hintergrund der rapide steigenden Arbeitslosigkeit.

Es gab damals ein geflügeltes Wort bei uns: »Du hast ausgelernt, Sie können gehen!« Es war eben so. Lehrstellen waren noch zu finden. Es gab damals viele Betriebe, die fast ausschließlich ihren Betrieb mit Lehrlingen betrieben. In dem Augenblick, wenn die Lehrzeit abgelaufen war, da waren die Leute arbeitslos und sind auf die »Walz« gegangen oder haben irgendwo nach Arbeit gesucht. Auf jeden Fall für ihr weiteres Dasein war keine Sicherheit vorhanden.

Die Nationalsozialisten bereiteten sich sehr detailliert auf die Machtergreifung vor. Dabei ging, wie Herbert K. berichtet, ein nationalsozialistischer Student während der Semesterferien einer etwas ungewöhnlichen Beschäftigung nach.

Damals war ein Architekturstudent während seiner Semesterferien zu Hause. In der Zeit hat er den Auftrag gehabt, in Mühlacker und Umgebung Häuser zu fotografieren. Man wußte, daß das Häuser von aktiven Gegnern der NSDAP waren. Es wurde gemunkelt, das würde deshalb gemacht, damit eventuell SA-Einheiten aus anderen Gegenden eingreifen könnten, wenn die einheimischen SA-Leute das nicht tun wollten.

Ab 1932 gab die NSDAP eine regelmäßig erscheinende Ortszeitung, »Das Hakenkreuzbanner«, heraus. Der Schwerpunkt ihrer Agitation lag jedoch nicht in der Pressearbeit, sondern in Kundgebungen, Demonstrationen und Saalveranstaltungen, wie etwa im Frühjahr 1931. Referent war Studienrat Dr. D. Sein Thema: »Wege und Ziele des Nationalsozialismus«. Adressat der Veranstaltung war der dem Nationalsozialismus gegenüber reserviert gebliebene Teil des Bürgertums. Die Lokalzeitung brachte einen Auszug der Rede:

Die Gegner der Hitlerpartei behaupten in der Presse und in ihren Versammlungen, die Gründe für den Auszug der Nationalsozialisten aus dem Reichstag seien Feigheit, Unfähigkeit und Verantwortungslosigkeit. Es ist nicht verwunderlich, daß

Sozialdemokraten und Kommunisten einen derartigen, unglaublichen Unsinn ernst nehmen. Man muß sich daher wundern, daß auch hier der bürgerliche Spießer an einem solchen Gemauschel seine helle Freude hat. Da sitzen sie am Biertisch und halten Gericht über die verfluchten Nazis, wobei diese angeklagt, verurteilt und auch hingerichtet werden. Es ist belustigend zu erkennen, wie es in den Köpfen dieser Biertisch-Strategen aussieht, die bei jedem Glas Bier die Überzeugung von der Unfähigkeit und Feigheit der Nazis immer größer werden läßt. Diese Überzeugung wird zweifellos noch überzeugender werden, solange nämlich, als diese Spießer ihren Schoppen in ungestörter Ruhe ungestört genießen können. Wer will dem Nationalsozialismus Feigheit vorwerfen! Ist es Feigheit, wenn ein großer Teil der Führer dauernd in Gefängnissen zubringen muß oder für seine Überzeugung mit drakonischen Geldstrafen gemaßregelt wird? Ist es Feigheit, wenn die SA und die SS-Leute, die Soldaten der nationalsozialistischen Bewegung, täglich Blutopfer bringen und sich zuschanden schlagen lassen? Ist es Feigheit, wenn die nationalsozialistischen Kämpfer tagaus tagein bei jeder Witterung auch zur Nachtzeit unterwegs sind und dabei Leben oder Gesundheit aufs Spiel setzen? Nein, ihr braven Spießer! Feigheit ist etwas anderes. Feigheit ist zum Beispiel euer Schwadronieren am Biertisch, eure Heldentaten beim Tilgen der Maß Bier, eure überflüssige Kritik, eure andauernde Leisetreterei!

Nicht beiseite legen – sofort lesen!

Bringen Sie bitte den Mut auf, auch einen politischen Gegner zu besuchen!

Es ist sehr bequem und beim gewerbetreibenden Mittelstand auch durchaus an der Tagesordnung, sich wenig um Politik zu kümmern.

Wir wissen nicht, ob Sie auch zu dieser lauen Richtung gehören – aber das eine wissen wir, daß es in kurzer Zeit keinen Mittelstand mehr gibt, wenn sich derselbe nicht noch in letzter Stunde zum Kampf um seine Existenz aufrafft. Politik treiben ist eine Existenzfrage, denn mehr als je gilt heute der Satz:

Ein Stand, der sich nicht wehrt, ist nicht existenzberechtigt

Wir geben Ihnen Gelegenheit, die nationalsozialistische Einstellung in Sachen der Gewerbetreibenden, Konsumvereine und Warenhäuser in engerem Kreise kennenzulernen, u. zwar spricht

der Referent für Mittelstands- und Handwerkerfragen

Stadtrat Paul Sauer, Stuttgart

über das Thema:

Der letzte Schlag gegen Eigentum und Existenz

Ganz besonders werden die in den letzten Monaten aufgetretenen wichtigsten Fragen und die Einwürfe anderer Parteien behandelt.

So u. a.

Wer den Pfennig nicht ehrt, ist die Mark nicht wert. – Nichts dazu gelernt und nichts vergesssen. – 600000 Gewerbetreibende oder 600 Warenhäuser. – Warum sparen, da doch neue Inflation. – Der Preisabbau und seine Folgen. – Recht und Unrecht in Steuerfragen. – Schocken und die Fünfhundert. – Den kleinen Lumpen hängt man, und den großen läßt man laufen. – Die Gefahren des Milchmonopols. Konsumverein und Metzger. – Die Schaufenster sind immer noch in Gefahr. – Ruhe ist des Bürgers erste Pflicht. – Autarkie oder Weltwirtschaft. – Schutzzoll oder Freihandel. – Die kommenden Entscheidungen. – Hie Nationalsozialismus, dort Bolschewismus. – Was steht dem Mittelstand noch alles bevor?

Versäumen Sie in Ihrem eigensten Interesse diese Aussprache nicht; auch wenn Sie uns noch fernstehen, müssen Sie den Standpunkt der heute stärksten Bewegung im deutschen Volke kennenlernen.

Nationalsozialistische Deutsche Arbeiterpartei
Ortsgruppe:

Wochentag:	Stunde:	Lokal:
Donnerstag den 28.7.		

Die Ängste des Mittelstands – ein Leitmotiv der nationalsozialistischen Propaganda.

4. Die Ängste des Mittelstands und die Antwort der Nationalsozialisten

Im gleichen Jahr – 1931 – erscheint in der Lokalzeitung auch ein Aufruf unter dem Motto: »Kauft deutsche Waren!«

Schwere Wirtschaftsnot und ungeheure Arbeitslosigkeit lasten auf dem deutschen Volke; ihre Überwindung ist zur Schicksalsfrage Deutschlands geworden, um deren Lösung die Regierung von Reich und Ländern, alle Berufsgruppen, Arbeitgeber und Arbeitnehmer gleichermaßen bemüht sind. Noch zeigt sich keine Besserung. Immer lauter dringt an aller Ohr der verzweifelte Ruf: Schafft uns Arbeit und Brot.
Können wir helfen, oder müssen wir tatenlos zusehen, daß unsere Not immer größer wird? Ja, wir können. Jeder einzelne von uns. Millionen von Reichsmark gehen täglich ins Ausland für ausländische Nahrungs- und Genußmittel und ausländische Industrie- und Gewerbeerzeugnisse. Würden diese Millionen für einheimische Erzeugnisse ausgegeben, so wäre damit im Inland Arbeit, Verdienst und Kaufkraft geschaffen. Wir setzen uns ein für die Bevorzugung deutscher Erzeugnisse und fordern unsere Volksgenossen auf, helft uns im Kampf für deutsche Ware. Der Arbeitsausschuß für deutsche Ware.

Dem Arbeitsausschuß gehörten mehr als 30 Organisa-

tionen an. Unter ihnen bunt gemischt evangelische und katholische Frauenverbände, Bauernbünde und Kriegervereine. Darunter waren auch Vereinigungen wie der Württembergische Frontkämpferbund, die Vereinigten Vaterländischen Verbände von Württemberg und Hohenzollern, das Landeskartell der christlichen Gewerkschaften, der Landesverband des württemberg-hohenzollerschen Handwerks und die Württembergische Landwirtschaftskammer.
Die Ortsgruppe der NSDAP hängte sich an diese Bewegung an und gründete auch in Mühlacker eine »Kampfgemeinschaft gegen Konsumvereine und Warenhäuser«.

Volksgenossen! Achtung!
Hier ist die Kampfgemeinschaft gegen Warenhäuser und Konsumvereine gegründet worden, die es sich zur Aufgabe gemacht hat, den gesamten Einzelhandel sowie Handwerk und Gewerbe des Mittelstandes zu vertreten.
Die Kampfgemeinschaft übernimmt die berufliche Interessenvertretung in wirtschaftspolitischer Hinsicht dem gesamten Mittelstande gegenüber, unter Führung der Fraktion der NSDAP. Anmeldungen erbeten an den Vertrauensmann . . .
Nationalsozialistische Deutsche Arbeiterpartei.
Kampfgemeinschaft gegen Warenhaus und Konsumverein.

Wie das Handwerk, die wichtigste Gruppe des gewerblichen Mittelstandes, seine gesellschaftliche Bedeutung einschätzte, geht aus einem Artikel hervor, den der

»Dürrmenz-Mühlacker-Bote« 1931 veröffentlichte:

Das Handwerk ist dazu berufen, die starken wirtschaftlichen Unterschiede und Gegensätze auszugleichen. Für viele gibt dieser Berufsstand noch die Möglichkeit, selbständig zu werden und zu arbeiten. Es braucht wohl nichts weiter darüber gesagt werden, wie wichtig es für eine gesunde Entwicklung ist. . . . Als Mittler steht das Handwerk zwischen Kapital und Arbeit, ausgleichend und Gegensätze versöhnend. Deshalb liegt an seiner Erhaltung und eiligen Weiterentwicklung so viel. Je mehr selbständige Existenzen ein Volk hat, um so gesünder ist auch seine soziale Schichtung und um so weniger ist es dem Einfluß augenblicklicher Strömungen und Stimmungen ausgesetzt. Gerade in Württemberg, wo das Handwerk verhältnismäßig stark vertreten ist, tritt seine wichtige Stellung im Gefüge unseres Volkes besonders zutage.

Die Nationalsozialisten verstanden es vorzüglich, das Bedürfnis nach sozialer Harmonie zu befriedigen. Sie versprachen dem Kleingewerbe jenen Schutz vor dem großen Kapital, den diese Schicht erwartete, und sie traten dem klassenkämpferischen Marxismus mit Parolen entgegen, die ganz nach dem Geschmack des Mittelstandes waren.
Nicht alle Mittel, die den Bewohnern von Mühlacker gegen die wirtschaftliche Misere empfohlen wurden, waren hochpolitisch:

Bei unserem deutsch-österreichischen Brudervolk

scheint die wirtschaftliche Krise ebenso groß zu sein wie in Deutschland. Die Bevölkerung darbt, zahlreiche Industrien liegen darnieder, die Arbeitslosenziffer ist im Verhältnis zur Bewohnerzahl größer als bei uns. Und doch wird dem fremden Beobachter auffallen, daß die vielen österreichischen Kaffeehäuser zeitweise sogar überfüllt sind. Woran liegt das? Nun, der Österreicher bewahrt sich eben auch in schlechter Zeit sein sonniges, heiteres Gemüt durch eine Tasse guten Kaffees. Daraus sollten wir lernen. Auch wir sollten öfter ein gutes, Stimmung und Anregung spendendes Kaffeegetränk genießen, zumal es doch heute wirklich recht billig ist, im eigenen Heim durch Beigabe der guten kräftigen Kaffeewürze »Mühlenfrank« aus jedem Bohnenkaffee, Malzkaffee, Kornkaffee oder Getreidekaffee ein Getränk von herzhaftem Wohlgeschmack zu bereiten.

So lautete eine Anzeige im »Dürrmenz-Mühlacker-Boten« von 1931. Im gleichen Jahr finden wir dort die folgende Annonce:

Trotz der heutigen mißlichen Lage sollte man sich doch ein bißchen Vergnügen gönnen. Der Mensch braucht ab und zu eine Abwechslung, eine geistige Erholung. Hatten Sie Ärger heute, dann entschädigen Sie sich dafür. Besuchen Sie die schönste Tonfilmoperette »Die drei von der Tankstelle«, die ab heute läuft. Ein süßes Mädel und drei patente Jungs heitern sie auf. Freude, Übermut, Stimmung, reizvoller Humor ist die Parole dieser herrlichsten Tonfilm-Operette. Das Tonfilm-Theater hat ausgezeichnete Tonfilm-Apparaturen, die eine wundervolle Tonwiedergabe hervorbringen, so daß jedes gesprochene Wort völlig klar verständlich ist, der Gesang sowie die gebotene Musik einen wirklichen Genuß darstellen.

5. Fragen eines Arbeitslosen

Die Arbeitslosen hatten andere Sorgen als die Handwerksmeister und Kaufleute:

Wenn ein Arbeitsloser wöchentlich 20 Mark Unterstützung erhält, wieviel muß die Gemeindekasse zu diesen 20 Mark beisteuern, oder werden diese 20 Mark vollständig aus der Arbeitslosenversicherung gezahlt?
Wenn ein Arbeiter 3½ Jahre ununterbrochen seine Beiträge zur Arbeitslosenunterstützung bezahlt hat, und wenn er dann arbeitslos wird, wie lange bekommt er dann die Arbeitslosenunterstützung? Wieviel bekommen diese Arbeiter späterhin Krisenunterstützung? Muß die Gemeindekasse an dieser Krisenunterstützung auch einen Teil bezahlen, bzw. in welcher Höhe?

So fragte ein Arbeitsloser 1931 bei der Lokalzeitung an. Er erhielt zur Antwort:

Die Arbeitslosenunterstützung wird ganz von der

Arbeitslosenfürsorgekasse bezahlt. Wenn ein Arbeiter 3½ Jahre, wie Sie anfragen, ununterbrochen Arbeitslosenunterstützung bezahlt hat, erhält er 26 Wochen lang Arbeitslosenunterstützung. Hierauf bekommt er dann die Krisenunterstützung, sofern die gesetzlichen Voraussetzungen vorliegen. Bei der Krisenunterstützung zahlt die Gemeinde ein Fünftel, das Reich vier Fünftel. Die Krisenunterstützung wird jeweils nach Bedürftigkeit festgesetzt und kann nicht vorausgesagt werden.

Die Krisenunterstützung für Arbeitslose schwankte zwischen acht und sechzehn Reichsmark wöchentlich. Viele Arbeitslose mußten hungern und konnten in vielen Fällen ihre Steuern, ihre Strom- und Gasrechnungen und ihre Miete nicht mehr bezahlen. Im Jahr 1931 versuchte der Gemeinderat, einen freiwilligen Arbeitsdienst zu gründen. Er sollte bei Straßenbauarbeiten eingesetzt werden. Außerdem war geplant, Seen aufzufüllen und brachliegende Flächen zu kultivieren. Beabsichtigt war, den Arbeitsdienst mit Mitteln der Reichsanstalt für Arbeitsvermittlung zu finanzieren. Die Arbeitszeit sollte sechs Stunden täglich dauern. Für Kost und Logis stellte die Reichsanstalt für Arbeitsvermittlung täglich zwei Reichsmark zur Verfügung. Das Vorhaben scheiterte jedoch an der katastrophalen finanziellen Ebbe in der Stadtkasse. Der Bürgermeister mußte nach einer Gemeinderatssitzung das Projekt zu den Akten legen. In einem Schreiben an den Direktor des Heimatwerks, den Träger des geplanten Arbeitsdienstes, begründete er diese Entscheidung:

Sehr geehrter Herr Direktor B.!

Haben Sie verbindlichen Dank für Ihr freundliches Schreiben vom 21. des Monats. Ich habe nochmals die finanzielle Auswirkung des Unternehmens durchrechnen lassen. Der Anteil der Stadtgemeinde an den Gesamtkosten wird sich immerhin mindestens auf 3500–4000 Reichsmark berechnen. Nun habe ich aber weiter festgestellt, daß sich dieser Kostenanteil unter Umständen auch wesentlich erhöhen könnte, wenn beispielsweise beim Eintritt einer längeren Kälteperiode eine Unterbrechung der Arbeiten stattfinden müßte, und weiter habe ich festgestellt, daß zur Zeit der Steuereingang bei uns so entsetzlich schlecht ist, daß kaum noch der ordentliche Verwaltungsaufwand der Stadt bestritten werden kann, und daß der Ausfall an Steuern so groß ist, daß wir nun schon einen ungedeckten Abmangel haben, für den sich keine Mittel zur Deckung finden. Alle diese Gründe zusammen zwingen uns, so leid es uns tut, zur Aufgabe des ganzen idealen Planes, und so wollen wir nun von der Durchführung Abstand nehmen.

Mit hochachtungsvoller Begrüßung
Ihr sehr ergebener
W. (Bürgermeister)

6. Warnungen der Gegner

Angesichts der wachsenden Erfolge der Nationalsozialisten formierten sich die Gegner der NSDAP in Mühlacker. Zu ihnen gehören viele Arbeitslose. So organisiert der »Kampfbund gegen den Faschismus«, der in der Hand der örtlichen KPD ist, eine Veranstaltung, über die der »Dürrmenz-Mühlacker-Bote« berichtet:

Die öffentliche Versammlung, die am letzten Samstagabend im »Ochsen« stattfand, in welcher Kamerad Wagner aus Stuttgart sprach, war getragen vom echt kameradschaftlichen Geist aller Anwesenden. Der Referent schilderte unter anderem den Zweck und die Wichtigkeit des Kampfbundes und betonte das große Interesse, das überall dem Bund entgegengebracht werde, was heute geradezu eine Notwendigkeit geworden sei.
Überall seien Kameraden, ob organisiert oder unorganisiert, ob SPD oder KPD, im Kampfbund vorhanden, da nicht nach der Parteizugehörigkeit gefragt werde. In Stuttgart seien sogar alte Kämpfer mit 70 Jahren vorhanden. Unsere Hauptaufgabe müsse sein, überall, wo es auch sei, Aufklärung zu schaffen, um den irregeführten Arbeitern zu sagen, daß sie nur die Schutztruppe des Finanzkapitals seien. Selbstverständlich setzen wir uns jederzeit zur Wehr, sobald wir tätlich angegriffen werden. Den Ausführungen des Referenten wurde durch Beifall gedankt und der Wunsch ausgesprochen, daß er bald wieder kommen möge. Zwei Delegierte werden zum Kongreß gegen Hunger

und Faschismus, der am Samstag und Sonntag in Stuttgart stattfindet, gewählt.

Die Deutsche Staatspartei, die ehemalige DDP, versuchte gleichzeitig, in Mühlacker die Bevölkerung für ihre liberale Politik zu gewinnen. In einem Artikel des Lokalblatts wird die Zielsetzung ihrer Aktionen beschrieben:

Den Vorträgen lagen folgende Hauptgedanken zugrunde: Volksnot, Staatsnot und Nationalsozialismus. Die Politik soll dienen dem Wohl aller, soll keinen Volksteil und keine Persönlichkeit vor der anderen bevorzugen, soll als leuchtendes Ziel sich setzen das Glück und die Zufriedenheit aller Volksgenossen. Diese Politik sollte gemacht werden durch die gleichberechtigte Mitarbeit aller. Keine Diktatur, keine Klassenherrschaft, sondern gleichberechtigtes Zusammenfassen aller Volksgenossen soll eine solche Politik ermöglichen. Seit der Rheinlandräumung ist die deutsche Außenpolitik in eine neue Ära eingetreten. Es ist das Verdienst der Deutschen Demokratischen Partei, daß sie von Anfang an den Weg der Verständigung mit den übrigen Mächten der Welt gewiesen hat. Es ist ihr Verdienst, daß sie von Anfang an ihre Kräfte ununterbrochen eingesetzt hat für die Entgiftung der europäischen Atmosphäre.

Zum Thema »Weltwirtschaft und Reparationen« sprach im Rahmen einer Veranstaltungsserie der damalige württembergische Wirtschaftsminister Reinhold Maier:

Maier kritisierte auf der Veranstaltung die Wirtschafts- und Finanzpolitik der Reichsregierung während der letzten sechs Jahre. Er verwies auf die besondere württembergische Situation. Hier kam es zu Konkursen, nicht wegen Auftragsmangels, sondern wegen Kapitalmangels. Die Wirtschaftskrise sei zum wesentlichen Teil auch durch eine Vertrauenskrise bedingt. Die Vertrauenskrise wäre durch Ablehnung des Radikalismus von links und rechts und durch die Schaffung einer breiten Mitte abzustellen. Außerdem vertrat er die Auffassung, daß die Lösung der Reparationsfrage nur auf diplomatischem Wege möglich wäre. Die Alternative dazu wäre eine kriegerische Auseinandersetzung. Voraussetzung für eine diplomatische Lösung dieser Reparationsfrage und der damit verbundenen Probleme wäre eine Sanierung der Staatsfinanzen, eine Wiederherstellung des Vertrauens, die Schaffung einer breiten Front von Leuten, welche bereit sind, sich für diese Lösung einzusetzen. Darum wäre es notwendig, sich von allen radikalen Auffassungen zu distanzieren. Denn Radikalismus wäre die Hemmung einer nationalen Politik.

Im selben Jahr – 1931 – sprach in einer öffentlichen Veranstaltung des SPD-Ortsvereins Pfarrer Eckert aus Mannheim. In der Lokalzeitung erschien der folgende Bericht:

Die am 10. Januar stattgefundene Versammlung der Sozialdemokratischen Partei war ein Ereignis für den hiesigen Ort und ein Erfolg für den Sozialismus. Das Thema – Nationalsozialismus, Christentum und Sozialdemokratie – behandelte er [Eckert, B. B.] in ausführlicher Weise. Bezugnehmend auf die jetzigen traurigen Verhältnisse zeigte er in vielen Beispielen, wie der Nationalsozialismus nur an die Instinkte appelliert und auch die Kirche als Vorspann für seine skrupellose Agitation ausnützt. Den unsachlichen Zwischenrufern gibt der Redner zu verstehen, daß sie noch vieles lernen müßten, wenn sie zum Nutzen des arbeitenden Volkes Politik machen wollten. Heute werden in Europa täglich 27 Millionen ausgegeben für die Schrecken eines neuen Krieges. Dieses System als Rettung zu verfechten, ist ein Verbrechen an der ganzen Menschheit. Er hob hervor, daß der große Kampf der Sozialdemokratie nicht mit brutalen Mitteln des Bürgerkrieges ausgetragen werden kann, und daß das geistige Rüstzeug das Bessere ist, welches alle Menschen auf eine höhere Stufe der Sittlichkeit und Moral stellt. Der kommunistischen Bewegung gegenüber betonte er, daß das Endziel mit dem Sozialismus vereinbar wäre, aber daß die Einstellung der kommunistischen Parteien nur auf momentane Erfolge keine dauernde Verbesserung der wirtschaftlichen Verhältnisse bringen könne. Minutenlanger Beifall belohnte den Redner für seine Ausführungen. Die Diskussion wurde von einem Nationalsozialisten eröffnet, ihm folgte ein Sprecher der Kommunistischen Partei. Die knappe Zeit veranlaßte den Redner zum Schlußwort. Nach seinem Weggang sprach Herr E., Demokrat. Sehr

bemerkenswert war, daß auch er sich dazu bekannte, daß die bürgerliche Gesellschaft der Not der Arbeiter mehr Verständnis entgegenbringen muß.
Ein Mitglied der Friedensgesellschaft, Pforzheim, bekannte sich auch zum Marxismus. Er verlangte, daß man das Trennende zurückstellt. Wenn die Arbeiter einig seien, könnten alle Hindernisse, welche sich der Besserung entgegenstellen, überwunden werden.

Pfarrer Eckert, der Hauptredner des Abends, verließ noch im Jahr 1931 die Sozialdemokratische Partei, weil sie ihm nicht radikal genug war im Kampf gegen die Nationalsozialisten, und trat in die KPD ein.

7. Die Staatskrise spitzt sich zu: Sommer 1932

Am 30. Mai 1932 mußte Reichskanzler Brüning zurücktreten. Er war das Opfer einer Intrige von hochverschuldeten preußischen Junkern, die den Zentrumskanzler als »Agrarbolschewisten« bekämpften, und von Reichswehrkreisen um den General Kurt von Schleicher, den politisch ehrgeizigen Chef des sogenannten Ministeramtes im Reichswehrministerium. Die politische Macht beider Gruppierungen beruhte vor allem darauf, daß sie bei dem greisen Reichspräsidenten von Hindenburg stets ein geneigtes Ohr fanden. Für Brüning kam die Entlassung um so überraschender, als er sich soeben erfolgreich – zusammen mit allen

Seit der Regierungsübernahme durch die Nationalsozialisten stiegen die nationalsozial. Stimmen in Koburg von 5143 (bereits absolute Mehrheit) **auf 8345, in Thüringen von 90236 auf 333000, in Braunschweig von 67900 auf 124360.**

Das war die Antwort der Wähler, die Gelegenheit hatten, das Regieren der Nationalsozialisten zu beobachten und zu prüfen. Diese auf Zahlen fußenden Tatsachen können die Lügen der Gegner, die auch hiergegen einsetzen werden, nicht aus der Welt schaffen.

Frage: Hat Hitler genügend geschulte Kräfte, um alle wichtigen Stellen damit besetzen zu können?

Antwort:

Hitler denkt ja gar nicht daran, etwa in erster Linie nur Angehörige seiner Partei mit Posten zu betrauen. Er hat oft genug betont, daß er vor allem hervorragende Fachleute, Männer, die wirklich etwas von ihren Aufgaben verstehen, einsetzen wird, ohne Rücksicht darauf, welcher Partei sie angehören und angehört haben. Männer, die sich bisher schon bewährten, werden daher auch ruhig in ihrem Amte bleiben.

Hitler will nicht, daß mit dem deutschen Volk nochmals Experimente gemacht werden. Von den Experimenten der Hindenburg-Parteien, denen wir Inflation, Verarmung und Wirtschaftszusammenbruch verdanken, haben wir reichlich genug!

Wer will, daß es weiterhin von Tag zu Tag schlechter wird, der wähle

Hindenburg

als den Kandidaten der Parteien, die für die heutigen Zustände verantwortlich sind, d. h. Zentrum, Bayerische Volkspartei, Sozialdemokratische Partei, Deutsche Volkspartei, Staatspartei usw.

Wer aber will, daß es besser wird, der wähle

HITLER

als den Kandidaten der Partei, die schon bewiesen hat, daß ihre Regierungen besser sind als die andern!

Hindenburg im Visier der NSDAP

Als Kandidat für den 1. Wahlgang der Reichspräsidentenwahl haben sie den Zweiten Bundesführer des Stahlhelm, B. d. F.

Duesterberg

aufgestellt.

Mit ihm tritt ein Führer der vaterländischen Wehrbewegung in die Schranken, dessen unermüdlich vom sozialen Frontgeist getragene Arbeit stets dem Ziele der politischen und wirtschaftlichen Freiheit Deutschlands gewidmet war.

Zu seiner Wahl ruft der

Kampfblock Schwarz-weiß-rot
alle Deutschen

auf, die entschlossen sind, zu kämpfen

für bodenständig-christliche Kultur,
für Familie und deutsche Art,
gegen offene und verschleierte Gottlosigkeit,
für den organischen Staat deutschen Blutes,
gegen Weimarer Demokratie und internationalen Marxismus,
für deutsche Wehrhoheit,
gegen pazifistische Entmannung,
für den Schutz des Eigentums und der privaten Wirtschaft,
für die Beseitigung der Arbeitslosigkeit und den Schutz der Arbeitsstätte.

Die Befreiungsfarben schwarz-weiß-rot stehen gegen die Symbole eines untergehenden Systems.

Diesem System keine Stimme!

Für Dich gilt nur die Parole:

Duesterberg!

Im Kampf gegen das »System« gehen die Deutschnationalen auf Distanz zu Hindenburg – mit einem eigenen Kandidaten (oben).

Die SPD war für die Kommunisten – wie auch dieses Flugblatt zeigt – der Feind Nr. 1 (rechte Seite und folgende Seite).

SPD. Parteivorstand für Hindenburg

Die SPD.-Führer begeisterte Anhänger des imperialistischen Krieges

Große Entrüstung bei den SPD.-Führern, als Nazi-Goebbels im Reichstag ihren Patriotismus, ihre nationalistischen Gefühle in Zweifel stellte.

Der Sozialdemokrat Schuhmacher erklärt im Reichstag:

„Wir lehnen es grundsätzlich ab, die sozialdemokratische, durch Opfer an Gut und Blut erhärtete Politik in nationalen Fragen vor solcher Art Agitation zu rechtfertigen.
Von der sozialdemokratischen Reichstagsfraktion hat im Krieg 73 Prozent aktiv gedient."

Sozialdemokrat Roßmann bringt ebenfalls seine Empörung zum Ausdruck und stellt fest:

„Millionen Sozialdemokraten haben ihre Liebe zum Vaterland mit ihrem Blut besiegelt."

Ein Sozialdemokrat war es, der das wunderbare Wort gesprochen hat:

„Immer haben wir eine Liebe zu dir gekannt
Nur haben wir sie nie beim Namen genannt!
Dank es, o Deutschland!"

Und der „Vorwärts" veröffentlichte am 25. Februar 1932 folgendes Bild mit der Unterschrift „Deserteure!"

Jawohl, die SPD.-Führer sind keine Deserteure des imperialistischen Krieges, sie haben den imperialistischen Krieg, der nur um die Geldsackinteressen der Kapitalisten ging, begeistert mitgemacht, sie haben Millionen Proletarier an die Front geschickt, sie begingen den größten Verrat an der Arbeiterklasse.

Hitler: „Das ist unsere Erziehungsarbeit."

„Es sind Wunder geschehen, Generalfeldmarschall von Hindenburg wird gegenwärtig von den Crispien, Barth und Genossen als der einzig mögliche Präsidentschaftskandidat hingestellt. **Das ist unsere Erziehungsarbeit. Ich hätte gar nicht gedacht, daß die Sozialdemokratie jemals so patriotisch, so militaristisch werden würde."**

(Hitler auf der Münchener Führertagung der NSDAP. 14. 2. 1932.)

Dieses Triumphgeheul Hitlers wird **Millionen bisher sozialdemokratischer Arbeiter** die Schamröte ins Gesicht treiben.

Aber — Herr Hitler kommt viel zu spät.

Schon während des Weltkrieges, 1916, **war es der Sozialdemokrat Heilmann**, der das berüchtigte Wort prägte:

„Wir gehen zu Hindenburg!"

Nieder mit den SPD.-Führern

die jetzt Hindenburg als das „kleinere Uebel" empfehlen, die in ihrem Aufruf erklären:

„. . . Jede Stimme, die Thälmann entrissen und Hindenburg zugeführt wird, ist ein Schlag gegen Hitler!",

die immer mit der Bourgeoisie gegen das Proletariat kämpfen.

Jeder sozialdemokratische Arbeiter

bricht mit diesen Klassenverrätern und Anhängern des imperialistischen Krieges, bricht mit der Hindenburg-SPD. und reiht sich ein in die rote Einheitsfront mit der KPD., mit dem

roten Arbeiterkandidaten Ernst Thälmann

zum Kampf gegen Hunger, Faschismus und imperialistischen Krieg

für Arbeit, Brot und Freiheit

Herausgeb. u. f. d. Inhalt verantw.: E. Schneller, Berlin. Druck: City-Druckerei AG., Berlin.

demokratischen Parteien – für die Wiederwahl Hindenburgs und gegen eine Wahl Hitlers zum Reichspräsidenten eingesetzt hatte. Brünings Nachfolger wurde der Kandidat Schleichers, der eng mit konservativen Industriekreisen verbundene, rechte Zentrumspolitiker Franz von Papen. Die NSDAP tolerierte Papen zunächst. Als Preis hierfür wurde das von Brüning verhängte Verbot von SA und SS aufgehoben und der Reichstag aufgelöst. Die Neuwahl des Reichstags fand am 31. Juli statt – nach den beiden Wahlgängen der Reichspräsidentenwahl im März und April die dritte Wahl auf Reichsebene im Jahr 1932. Im Zeichen einer zunehmenden Politisierung des Alltags, sich häufender Demonstrationen und Kundgebungen, von Saal- und Straßenschlachten wuchs die Skepsis gegenüber Wahlkämpfen und das Mißtrauen gegenüber den Parteien. Fritz L. erinnert sich:

Wie die Einstellung mancher Menschen zur Wahl damals aussah, das konnte man meiner Meinung nach aus einem Zettel entnehmen, den in Mühlacker jemand in die Wahlurne gesteckt hatte. Da stand 1932 bei der Präsidentenwahl drauf:

Hindenburg will Klöster und Pfaffen,
Hitler Soldaten und Waffen,
Thälmann viel Geld und nichts schaffen,
und wir bleiben immer die Affen.

Bei den Reichstagswahlen vom Juli 1932 brachten die Wähler Mühlackers den Parteien, die die Weimarer Republik trugen, eine empfindliche Niederlage bei. Während im September 1930 noch 1335 Bürger die

Sozialdemokraten, das Zentrum und die beiden liberalen Parteien unterstützt hatten, waren es im Juli 1932 nur noch 518. Die SPD-Stimmen sanken von 786 auf 298. Ähnlich erging es den Liberalen. Nur noch 80 stimmten für die Deutsche Staatspartei und 53 für die Deutsche Volkspartei, während sie 1930 noch zusammen 464 Stimmen erhalten hatten. Lediglich das Zentrum konnte seinen, allerdings unbedeutenden Stimmenanteil behaupten. Mehr und mehr verschärfte sich das politische Klima. Offener Haß bestimmte oft die politische Auseinandersetzung. In Spottversen griff die nationalsozialistische SA ihre Gegner an. Dem Gedächtnis von Fritz L. haben sich die folgenden Reime eingeprägt:

»Mein Sohn ist Kommunist, weil er ein Raufbold ist«
und
»Mein Sohn ist Volksparteiler, die haben die größten Mäuler«
und
»Mein Sohn ist Demokrat, weil er einen Vogel hat«
und solche ähnlichen Dinge. Das war so allgemein die Art, wie man mit den anderen umging.

Daneben gab es auch Gruppierungen, wie den Bauern- und Weingärtnerbund, der sich mit Flugblättern zu Wort meldete. Diese mit der Deutschnationalen Volkspartei verbundene Interessenvertretung der Landwirte erhielt in Mühlacker bei den Reichstagswahlen 111 Stimmen. Eine ihrer Wahlparolen:

Bauern sind keine Sozialisten. Der Sozialismus hat

Für Ar und Halm

Württemberg. Bauern- und Weingärtnerbund

Am Sonntag, den 24. Juli 1932
um 8 Uhr abends

Oeffentliche Versammlung

in Mühlacker
(OA. Maulbronn) im „Lamm"

Redner:

Landtagsabg. Joh. Kugler, Fellbach

Thema:

Vor großen Entscheidungen!

Wo steht der Bauer u. Jungbauer?

Hierzu ist jedermann, Alt und Jung, auch Frauen und Töchter dringend und herzlich eingeladen. Der Bezirksausschuß.

der Sieg wird unser sein!

Der Kapitalismus muß untergehen, damit das arbeitende Volk leben und arbeiten kann!

Die Kommunistische Partei und die revolutionären Organisationen haben feierlich erklärt, daß sie diese Einheitsfront schmieden wollen, daß sie sich vorbehaltlos für diesen gemeinsamen Kampf zur Verfügung stellen.

Die sozialdemokratischen Führer, die Führer des ADGB., des Reichsbanners — sie erklären:

„Der Stimmzettel entscheidet! Schlagt Papen, Hitler, Notverordnung mit dem Stimmzettel!"

Die Papen, Hitler — sie pfeifen wie Brüning auf Stimmzettelentscheidungen. Sie setzen mit allen Mitteln die Interessen der herrschenden Klasse durch. Nur Massenkampf kann diese Gesellschaft zu Paaren treiben. Die Führer der „Eisernen Front" stehen ihnen bei, denn sie suchen die Einheitsfront unmöglich zu machen. Sie suchen den notwendigen Kampf zu vereiteln, die einige geschlossene Antifaschistische Aktion des arbeitenden Volkes zu hindern!

Sozialdemokratische Klassengenossen! Höher als das Interesse der Partei, der Organisation, muß stehen das Interesse des arbeitenden Volkes, das Interesse der Arbeiterklasse!

Wir Kommunisten rufen auf, in der Woche

vom 10. bis 17. Juli die große Kampfwoche der Antifaschistischen Aktion

mit allen Kräften zu unterstützen. In den Betrieben, an den Stempelstellen, in den Quartieren der Arbeiter und Werktätigen, auf den Gütern, in den Dörfern muß millionenfach der Ruf erschallen, müssen die Millionen werktätiger Männer und Frauen, alt und jung, sich zum Kampf zusammenschließen:

Antifaschistische Aktion gegen Hunger, Faschismus, Krieg!

Antifaschistische Aktion für Arbeit, Brot, Freiheit!

Antifaschistische Aktion — gegen die Reichen, für die Armen!

Antifaschistische Aktion gegen die Industriellen, Junker, Generale — für Arbeiter- und Bauernregierung!

Antifaschistische Aktion gegen den Kapitalismus — für den Sozialismus!

Rüstet zu Massenaktionen, zu Streiks, politischem Massenstreik gegen die faschistische Papen-Regierung!

Bildet Einheitsausschüsse! Schafft antifaschistischen Massenselbstschutz! Tausende Versammlungen in Betrieben, an Stempelstellen, auf den Dörfern und Gütern! Tausende Demonstrationen und Kundgebungen! Die Antifaschistische Aktion marschiert! Alle zu uns!

Arbeiter! Werktätige in Stadt und Land! Wir wollen und werden nicht untergehen! Wir wollen leben! Sterben soll dieses System des Elends, des faschistischen Mordterrors und neuer mörderischer Kriege!

Reiht euch ein!

Kämpft mit in der Antifaschistischen Aktion!

Am 31. Juli:

Antifaschisten wählen Kommunisten — Liste 3

Herausgeber und für den Inhalt verantwortlich: Ernst Schneller, Berlin. Druck: City-Druckerei A.-G., Berlin.

uns in die Not geführt, nur der vaterländische Volksstaat wird uns retten.

Die Nationalsozialisten waren die Hauptgewinner der Juliwahl von 1932. Sie konnten die Zahl ihrer Wähler in Mühlacker von 681 auf 1047 erhöhen. Überschwenglich feierte das Ortsorgan der NSDAP, das »Hakenkreuzbanner«, den Erfolg. Unter der Überschrift »An der Schwelle einer neuen Zeit« stand:

Die Wahlschlacht ist geschlagen, den Sieg errangen die Fahnen und Standarten Adolf Hitlers! 230 Nationalsozialisten gegen 107 am 14. September 1930 ziehen als Vertreter der deutschen Freiheitsbewegung in den Reichstag ein. In späteren Jahren wird sich jeder Deutsche darüber wundern, wie die in unserem Elend schuldigen »Arbeiterführer« mit den gemeinsten Lügen und Verdrehungen es fertig brachten, dem jüdischen Marxismus und dem dahinter stehenden internationalen Kapitalismus nochmals große Teile der Arbeiterschaft zur weiteren Ausbeutung auszuliefern. Als ob diese Zuhälter auch nur das geringste Recht hätten, nachdem Millionen ohne Arbeit sind und Invalidenrenten und sonstige Versorgungskassen unter deren Staatsführung vor dem Zusammenbruch stehen. Ist es denn wirklich wert, der bankrotten Idee des Marxismus auch nur nachzuträumen? . . . Das Wahlergebnis zeigt uns, daß Deutschland sein Schicksal einem vom Volk anerkannten Führer anvertraut. Er hat dem deutschen Volk wieder seine Aufgabe gewiesen und führt es mit sicherer, gerechter Hand dem Aufstieg entgegen. Ein Volk von Brüdern, gemeinsam im Wollen, im Opfer und in der Arbeit und darüber hinaus ein starkes Vaterland, das ist unser Ziel. . . . Eines steht fest: Wir Nationalsozialisten müssen ohne den üblichen Kuhhandel energisch und zielbewußt die Zügel in die Hand nehmen und unser Aufbauprogramm bald zur Durchführung bringen. Nur damit und durch die bessere Tat schlagen wir vollends den Marxismus. Die Auseinandersetzung in Deutschland ist ein Lehrbeispiel für die anderen Völker. Setzen wir uns durch, dann stirbt der Marxismus an seinem eigenen Gift.

Vor der Wahl hatte sich die örtliche KPD mit Flugschriften an die Wähler gewandt. Sie forderte nicht nur zur Wahl der KPD auf, sondern auch zu Aktionen gegen die Papen-Regierung, die sie als faschistisch bezeichnete.

Rüstet zu Massenaktionen, zu Streiks, politischen Massenstreiks, gegen die faschistische Papen-Regierung. . . . Antifaschisten wählen Kommunisten!

Die Kommunisten erhielten knapp 600 Stimmen. 1930 waren es nur 281. Das örtliche Parteiorgan der KPD kommentiert unter dem Titel »Vorwärts zu neuen Kämpfen« den Wahlausgang im Reich folgendermaßen:

Weit über 5 Millionen Menschen haben ein Be-

Nr.1. Mühlacker,den 15. Juli 1932.

An die E i n w o h n e r s c h a f t !

Ein jeder von Euch hat es an seinem eigenen Körper verspürt in was für einem Elend wir und das ganze deutsche Volk uns befinden.Oft wurde darüber debattiert wer der Schuldige an diesem Elend ist.Die Schuldigen wussten es genau,dass sie allein dieses Elend herbeigeführt haben und versuchen daher immer,diese Schuld auf andere abzuwälzen.

Wir National-Sozialisten treten offen dafür ein,dass das Volk die Leute, die das heutige Elend herbeigeführt haben,kennen lernt und wir sind daran,trotz der infamsten Lügen und Abwehrmassnahmen der Gegner unsere Aufklärungsmassnahmen weiterzuführen,damit das Volk weiss,wie es sich am 31. Juli einzustellen hat und was für eine Abrechnung es mit den Schuldigen vornehmen will.Umstehend geben wir ein genaues Verzeichnis der wirklich Schuldigen an dem heutigen Elend und überlassen es der Einwohnerschaft,das Urteil selbst zu fällen.

Unsere Losung ist

W a h r h e i t m u s s W a h r h e i t b l e i b e n !

= =

Bei den Reichstagswahlen vom 31. Juli 1932 stehen die Nationalsozialisten im Zenit ihrer Wahlerfolge.

Führende Sozialdemokraten gestehen selbst ein, dass die Politik der S.P.D. die Ursache unserer heutigen Not ist.

Wertvolle Eingeständnisse:

1. Die Sozialpolitik der Sozialdemokraten ist unwirksam. Wissel.

Der sozialdemokratische Reichsarbeitsminister W i s s e l am 5. Februar 1929 im Reichstag (Stenographische Berichte über die Reichstagssitzungen Seite 1036):

> " So sehr wir von der Notwendigkeit dieser Massnahmen überzeugt sind, mit denen die Not der Arbeitslosigkeit gemildert werden soll, so sehr wissen wir, dass die Arbeitslosigkeit mit den Mitteln der Sozialpolitik allein nicht beseitigt werden kann."

Ein besseres Eingeständnis über die Erfolglosigkeit sozialdemokratischen Strebens konnte uns der sozialdemokratische Reichsarbeitsminister n i c h t abgeben. Er gesteht vor aller Oeffentlichkeit ein, dass" mit den Mitteln der Sozialpolitik allein " die Arbeitslosigkeit n i c h t beseitigt werden kann. Er meint damit natürlich Sozialpolitik im sozialdemokratischen Sinn, nämlich das Streben nach Besserstellung des Standes der Jndustrie-Arbeiter unter Ausserachtlassung der Belange der Nation. Er meint Sozialpolitik, die nicht auf nationalem Fundament beruht, und gesteht ein, dass solche Sozialpolitik auf Sand gebaut ist.

2. Eine durchgreifende Hilfe kann sich nur aus einer Abkehr von der Politik der Sozialdemokratie ergeben. Wissel.

Der Sozialdemokratische Reichsarbeitsminister W i s s e l am 5. Febr. 1929 im Reichstag im Anschluss an den oben im Abschnitt 1 (StB. über die Reichstagssitzungen Seite 1036):

> "Sie (die Not) beruht vielmehr auf unserer ganzen politischen und wirtschaftlichen Lage, und eine durchgreifende H i l f e kann sich nur aus einer Aenderung dieser Lage ergeben."

S e h r r i c h t i g ! N u r aus einer grundlegenden A e n d e r u n g der politischen und wirtschaftlichen Lage, in welche die Sozialdemokratie in nunmehr dreizehn Jahren das schaffende Deutschland hineinregiert hat. Besser als durch diese seine Ausführungen im Reichstag konnte der sozialdemokratische Reichsarbeitsminister Wissel den Jrrsinn der sozialdemokratischen T h e o r i e sowohl als auch in der sozialdemokratischen Praxis nicht dartun.

D a r u m h i n w e g m i t d e n S c h u l d i g e n a n u n s e r e m E l e n d !

HITLER AN DIE MACHT! W ä h l t :

N a t i o n a l s o z i a l i s t e n

L i s t e 2

Druck u. Verl. NSDAP Mühlacker
Verantwortlich
Karl Jüngling Muehlacker

kenntnis für den Kommunismus abgelegt, ein Bekenntnis für den außerparlamentarischen Massenkampf. Die Kommunistische Partei ging ohne jegliche parlamentarische Illusion in den Wahlkampf. Sie schwindelte nicht, wie die übrigen Parteien, daß am 31. Juli die Entscheidung fallen würde. Wir Kommunisten sagten ganz offen, daß die Entscheidung nicht in den Parlamenten ausgefochten, sondern daß sie an dem Tag fallen würde, wo die werktätige Bevölkerung erkennt und bereit ist, alle Kräfte für den Sturz des heutigen kapitalistischen Systems einzusetzen.

Die künftige Entwicklung wird noch mehr als bisher bestätigen, wie recht die Kommunistische Partei hat. . . . Es ist uns hier in Mühlacker gelungen, die Verluste der Sozialdemokratischen Partei zum größten Teil aufzufangen. Die SPD verlor seit der letzten Reichstagswahl 488 Stimmen, von denen wir den größten Teil gewannen. Wir sind damit zur zweitstärksten Partei geworden, und werden nicht ruhen und rasten, bis auch der letzte Werktätige erkannt hat, daß nur die Kommunistische Partei den Ausweg aus der heutigen Not weist. . . . Die Zeit ist nicht mehr fern, wo die irregeleiteten Anhänger der Nazis erkennen werden, daß eine Partei, die mit solchen erlogenen Behauptungen operiert, nicht die ihre sein kann, sondern daß nur die Kommunistische Partei ehrlich und unerschrocken die Interessen der werktätigen Bevölkerung vertritt.

Arbeiter! Werktätige zaudert nicht länger, helft mit, den Tag der Entscheidung vorzubereiten. Hinein in den roten Massenselbstschutz! Hinein in die Kommunistische Partei! Mit vereinter Kraft schlagen wir den Faschismus, stürzen wir das kapitalistische System. Es gibt keinen anderen Weg, wenn ihr nicht untergehen wollt. Vorwärts zu neuen Kämpfen!

Die Nationalsozialisten erhielten bei den Reichstagswahlen des Jahres 1932 in der kleinen schwäbischen Stadt rund doppelt so viele Stimmen wie die klassischen demokratischen Parteien der Weimarer Republik. Die KPD konnte mehr Stimmen erringen als die SPD, das Zentrum und die beiden liberalen Parteien zusammen. Der von der KPD gefeierte Wahlsieg konnte jedoch nicht darüber hinwegtäuschen, daß der Löwenanteil aus der ehemaligen Anhängerschaft gemäßigter Parteien den Nationalsozialisten zugefallen war. In Mühlacker wie auch sonst in Deutschland waren es vor allem die Mittelschichten, bei denen die Nationalsozialisten Anklang fanden. Hören wir nochmals Fritz L., unseren ersten Augenzeugen:

Ich glaube, das kam vor allem daher, daß der Mittelstand, diese Handwerkerschichten und Kleingewerbetreibenden, sich am meisten in ihrer Existenz bedroht fühlten. Und zwar durch die aufkommenden Warenhäuser, Einheitspreisgeschäfte, Konsumvereine. Und da der Nationalsozialismus in seiner Propaganda sich gegen die jüdischen Einheitspreisgeschäfte, gegen die Konsumvereine und gegen die Warenhäuser wandte, hat er bei den Kleingewerbetreibenden, also dem Mittelstand, Resonanz gefunden.

Diese mittelständischen Gruppen sahen in den linken Parteien keine Alternative.

Die Linken, die Sozialisten, die waren schon fast traditionell verketzert als Feinde des Eigentums und der Religion. Je kleiner das Eigentum war, desto mehr fühlten sich diese Kleinbürger bedroht, und sie haben tatsächlich in den Sozialisten und den Linken ihre wahren Feinde gesehen, weil sie irgendwo nicht erkannten, daß die heraufkommenden Konzerne und Warenhäuser die ganz großen, die größeren Feinde waren.

Gelegentlich jedoch waren die politischen Demonstrationen der SA mit Enttäuschungen verbunden:

Man ging da in Ortschaften, die damals als rot galten, und wenn dort Versammlungen waren, dann ist es oft passiert, daß ein großer Saalschutz mitgenommen wurde, weil man mit Anrempeleien rechnete. Und der Saalschutz war dann vollkommen unnötig, weil kein Mensch in die Versammlung kam. Oder man ging in eine Versammlung, in der zwei, drei Leute saßen oder auch mal fünf oder zehn Leute – meistens eigene Anhänger, die anderen sind nicht gekommen. Und wenn man sich dann anschließend auf die Fahrräder setzte, um wegzufahren, dann standen auf der Straße die Leute, und die haben einen dann provozierend mit »Heil« empfangen. Einmal erinnere ich mich, da haben die dann »Heil« geschrien. Wir schrien »Heil Hitler«, und dann schrien die »Heil Mostkrug«.

Die bis dahin eher unpolitische kommunale Szenerie wurde mehr und mehr zum Schauplatz parteipolitischer Auseinandersetzungen. Bis Ende 1932 waren nur Sozialdemokraten und eine überparteiliche bürgerliche Wählerliste im Stadtrat vertreten. Kommunalpolitik war bis dahin weitgehend den Stadtvätern überlassen worden. Im Dezember 1931 aber blies die NSDAP in einem Wahlaufruf zum Sturm aufs Rathaus:

Unser Ort darf nicht zurückbleiben bei dem allgemeinen Vormarsch der deutschen Front gegen die Verelendungspolitik und Schleuderwirtschaft des zusammenbrechenden Systems. ... Auch auf dem Rathaus muß der Boden für das neue Reich bereitet werden.

Aber auch die Kommunisten dachten an die große Politik, wenn sie bei den Gemeindewahlen um Stimmen warben:

Kämpft um ein freies sozialistisches Deutschland, für die sozialistische Kommune, das Volk an die Macht! ... Wählt Kommunisten aufs Rathaus!

8. Die Politisierung in der Gemeinde

Die allgemeine politische Radikalisierung schlug sich bei der Gemeinderatswahl im Dezember 1931 jedoch noch nicht so deutlich nieder wie bei den Reichstagswahlen des folgenden Jahres: Fünf der acht Sitze fielen an den Bürgerblock; einen Sitz gewann die SPD; mit

Mühlacker

darf nicht zurückbleiben

bei dem allgemeinen Vormarsch der deutschen Front gegen die Verelendungspolitik und Schleuderwirtschaft des zusammenbrechenden Systems.

Auch auf dem Rathaus in Mühlacker müssen die Forderungen des Nationalsozialismus verwirklicht werden. **Auch auf dem Rathaus in Mühlacker** muß der Boden für das neue Reich bereitet werden.

Wir fordern im Rahmen unseres Gesamtprogramms:

Arbeit den Arbeitslosen — Brot den Hungernden —

Abbau der Wucherzinsen — Einfluß auf die Zinsgestaltung der Städt. Sparkasse — Gerechte Darlehensgewährung — Verbot der Niederlassung von Warenhäusern und Einheitspreisgeschäften — Einführung der Filialsteuer — Schutz den Kleinhändlern, Handwerkern und Bauern —

Schutz allen ehrlich Schaffenden gegen die Verschleuderung ihres letzten Besitzes durch Zwangsversteigerungen.

Wir fordern auch in Mühlacker:

Rücksichtslosen Abbau der Verwaltungskosten durch äußerste Sparsamkeit und durch Abbau der Beamtengehälter und -Pensionen in den höheren Beamtenstufen.

Persönliche Haftung der Verantwortlichen für alle Ueberschreitungen des Etats und fahrlässige Benachteiligung der Allgemeinheit.

Fortfall jeder Dienstaufwand-Entschädigung.

Gerechte Arbeitsvergebung an das ansässige Deutsche Gewerbe unter Vermeidung städt. Regiebetriebe.

Erziehung der deutschen Jugend auf der Grundlage christlicher Glaubenslehre und vaterländischer Gesinnung.

Ablehnung von Lehrern und Geistlichen, die dem Internationalismus und dem Pazifismus huldigen.

Bekämpfung von Schmutz und Schund.

Einflußnahme auf die Spielpläne von Theater und Kino.

Verraten und verkauft

haben Euch die Novemberparteien: **„Man saß friedlich unter- und nebeneinander auf dem Rathaus"** schrieb erst dieser Tage im „Dürrmenz-Mühlacker Bote" ein „prominenter" Vertreter der „unpolitischen" Bürgerlichen im Hinblick auf den bisherigen Gemeinderat.

Er gibt damit zu,

daß die Vertreter des „nüchtern ernst erwägenden Bürgertums" im trauten Verein mit der Sozialdemokratie, die ihrerseits heute brüderlich vereint mit den Kommunisten marschiert, auf den Rathäusern, in den Landtagen und im Reichstag verwirtschaftet haben, was das Deutschland der Vorkriegszeit in harter Mühe und Arbeit an Geld und Gut, an Ansehen und Ehre in der Welt sich erworben hatte.

Bürger von Mühlacker!

Deutsche Volksgenossen! Denkt an den ständigen Niedergang seit 1918 — denkt an das Verbrechen der Inflation — denkt an die Hunderte von Versprechen, die das bisherige System leicht gegeben und noch leichter gebrochen hat — denkt daran und sprecht auch in Mühlacker Euer Urteil:

Wählt Nationalsozialisten!!

Wahlvorschlag 2

Mit viel Energie konzentrierten sich die Nationalsozialisten auf die Kommunalwahlen – allerdings ohne spektakuläre Erfolge.

Wie wird gewählt? Panachieren .. Kumulieren ..

heißen die wunderbaren Fremdwörter, die Dir die Ausübung Deines Wahlrechts erschweren.

Wir wollen **Deutsch** miteinander reden und dann heißt:

Panachieren: Namen aus verschiedenen Wahlvorschlägen auf einen Stimmzettel zusammenschreiben und diesen nach Deinem Geschmack abgeänderten Stimmzettel in die Wahlurne werfen.

Spare Dir diese Mühe und gib unverändert den Stimmzettel der Nationalsozialistischen Deutschen Arbeiter-Partei (Hitlerbewegung) ab. Auf diesem Zettel sind

Männer, die wissen, was sie wollen

Männer, die verpflichtet wurden, dem Wohle aller Berufsstände, dem Wohle aller ehrlich schaffenden Volksgenossen gleichmäßig zu dienen.

Und wieder auf **Deutsch** heißt:

Kumulieren: die Stimmen häufen.

In **Mühlacker** sind acht Gemeinderäte zu wählen, deshalb hast Du das Recht und die Pflicht acht Stimmen abzugeben. Das kannst Du nun in der Weise tun, daß Du acht Männern aus den Vorschlagslisten, die Dir gefallen je eine Stimme gibst, denn acht mal 1 gibt acht. Du kannst aber auch Deine Stimmen häufen und Kandidaten, die Dir besonders zusagen 2 oder 3 Stimmen geben, indem Du einfach hinter deren Namen die Zahl 2 oder 3 setzest.

Du mußt nur beachten: Kein Kandidat darf mehr wie 3 Stimmen erhalten.

Und Du darfst nicht vergessen: Daß Du nur acht Stimmen vergeben kannst. Du mußt also die Kandidaten auf dem Stimmzettel streichen, die Du nicht gewählt haben willst. Sonst kann es sein, daß sich Deine Stimmenhäufung überhaupt nicht auswirkt.

Wenn Du uns nun noch frägst, welchen Zettel soll ich abgeben? Dann lautet unsere Antwort:

Den Stimmzettel der Volksbewegung, die den heiligen Willen und die stählerne Kraft hat:
der Elends-Flut Einhalt zu bieten
der Gerechtigkeit zum Siege zu verhelfen
Ordnung, Treu und Glauben wieder herzustellen
ein neues und freies Deutschland wieder zu schaffen:
Das Deutschland, das allen Volksgenossen Arbeit und Brot geben kann
Das Deutschland, das allen Volksgenossen schützende Heimat sein wird.

Nimm diesen Zettel dann wählst du richtig!

Nationalsozialistische Deutsche Arbeiterpartei
(Hitlerbewegung)

Fritz Lorch, Konditormeister
Karl Wagner, Wäscherei
Anton Grimm, Fasser
Gustav Kicherer, Oberpostsekretär
Ludwig Lorenz, Not.-Prakt.
Karl Jüngling, Gipser
Georg Heinzelmann, Werkmeister
Jakob Raible, Res.-Lokomotivführer

Verlag und verantwortlich H. Reiner — Druck Maulbronner Tagblatt — Beide in Maulbronn.

Wir erobern die Rathäuser

Volksgenossen! Wähler und Wählerinnen!

Am 6. und 13. Dezember ds. Js. finden in Württemberg die Gemeindewahlen statt. An diesen Tagen wird das württembergische Volk die Gelegenheit ergreifen, seinen

Willen nach Neuordnung der Dinge

unzweideutig zum Ausdruck zu bringen.

Längst schon hat sich die Erkenntnis durchgesetzt, daß auch die Gemeindeparlamente weder von „unpolitischen", engstirnigen, egoistischen Interessenhaufen geleitet werden dürfen, noch von Parteien, die ihre Unfähigkeit und Nichtsnutzigkeit seit 12 Jahren zum Schaden des Volkes bewiesen haben. Lange genug waren die Gemeinde-Vertretungen dem unseligen Gezänke kleinlicher, armseliger Biertisch-Politikaster ausgesetzt. Lange genug waren die Gemeinden selbstsüchtigen Interessen-Vertretern ausgeliefert, die glaubten, auf große politische, weltanschauliche Gesichtspunkte zugunsten der eigenen Tasche verzichten zu können.

Die Folgen sehen wir jetzt.

Zahlreiche Gemeinden sind bankerott, **viele stehen vor dem Ruin**, ungezählte bemühen sich vergebens, ihre Einnahmen mit den Ausgaben in Einklang zu bringen. Hilflos und ratlos stehen die alten Gemeinderäte der auch durch ihre eigene Unfähigkeit über die Gemeinden hereingebrochenen Katastrophe gegenüber,

einer Katastrophe, die wir kommen sahen und vor der wir warnten,

aber vergeblich warnten.

Widerspruchslos haben sich die Gemeinderäte eine volks- und wirtschaftsvernichtende Reichspolitik, die dem Bolschewismus die Wege ebnet, gefallen lassen.

Widerspruchslos haben sie die Aufbürdung ungeheurer Lasten hingenommen, deren Regelung Sache der Landes- und Reichsregierung gewesen wäre.

Widerspruchslos haben sie immer neue Kredite aufgenommen, die das Gemeindevermögen aufzehren und wahnsinnige Zinslasten zur Folge haben.

Widerspruchslos haben sie in den Städten jüdische Warenhäuser und Ramschläden zugelassen.

Widerspruchslos haben sie sich damit zur brutalsten Ausbeutung der Massen, zur

Vernichtung des Mittelstandes

zu immer neuen, unerschwinglichen Steuern und Abgaben bereitfinden lassen. Noch nie ist in den Gemeinderäten so wirklichkeitsfremd, so gedankenlos und häufig auch so leichtsinnig gewirtschaftet worden wie in den vergangenen 12 Jahren.

Damit muß endlich Schluß gemacht werden.

Es muß Schluß gemacht werden mit der sinnlosen Verpulverung öffentlicher Mittel.

Es muß Schluß gemacht werden mit der ewigen Pumpwirtschaft.

Es muß Schluß gemacht werden mit der Zulassung jüdischer Ramschgeschäfte.

Es muß in den Gemeinderäten der Widerstand gegen eine völlig verfehlte Reichs- und Landespolitik, an deren grauenhaften Folgen die Gemeinden entsetzlich leiden, organisiert werden.

Volksgenossen!

Zum ersten Male treten wir Nationalsozialisten als die Vertreter der heute stärksten politischen Par-Partei Deutschlands in den württembergischen Gemeindewahlen auf den Plan. Ebenso unerbittlich wie in der Reichs- und Landespolitik proklamieren wir auch in der Gemeindepolitik unsere Forderungen zum Nutzen des schaffenden Volkes.

Die nationalsozialistischen Gemeindevertreter fordern:

Wiederherstellung der Selbstverwaltungsmöglichkeit, Erhaltung des Gemeindevermögens.

Herbeiführung eines Finanzausgleichs, der die Erfüllung der gemeindlichen Bedürfnisse ohne Schuldenwirtschaft ermöglicht.

Erfüllung von laufenden und periodisch wiederkehrenden Ausgaben aus laufenden Mitteln zum Zwecke der Vermeidung hochverzinslicher Schulden, insbesondere für unrentable Zwecke.

Abbau ungerechter Steuern und Gebühren.

Warenhausbesteuerung zum Schutz des Mittelstandes. Wohnungsluxussteuer.

Erhaltung des Mittelstandes in Gewerbe und Handel. Zinslose Mittelstands-Kredithilfe.

Gerechte Arbeitsvergebung an das ansässige deutsche Gewerbe unter Vermeidung neuer städtischer Regiebetriebe. Berücksichtigung der Innungen.

Neufassung der veralteten Submissionsvorschriften. Ablehnung von Unterangeboten.

Arbeitsschutz; insbesondere für völlige Sonntagsruhe.

Arbeitsbeschaffung für Arbeiter und Gewerbetreibende unter besonderer Berücksichtigung Kriegsbeschädigter, Kinderreicher, langfristiger Erwerbsloser oder sonstiger sozialer Verhältnisse.

Absolut saubere Verwaltung und sparsame Verwendung der öffentlichen Mittel zum Wohle der Gesamtheit.

Anstellung von Personal nur nach Fähigkeit und Charakter ohne Rücksicht auf Parteizugehörigkeit und Konfession, aber unter Ausschaltung der Juden aus dem öffent. Dienst; Bevorzugung von Kriegsbeschädigten und Kinderreichen, insbesondere gegenüber weiblichen Arbeitskräften.

Schutz des Berufsbeamtentums gegen Parteiwillkür und ungerechte Angriffe.

Gerechte Regelung der Besoldungs- und Versorgungsverhältnisse für Beamte und Arbeiter, Beseitigung von Härten.

Ausreichende Fürsorge für alle unverschuldet notleidenden Volksgenossen (Erwerbslose, Kleinrentner, Sozialrentner, alte und gebrechliche Personen).

Erhöhte Fürsorge für Kriegsbeschädigte und Hinterbliebene (Bevorzugung bei Personalanstellung, Ermäßigung für die Benutzung städtischer Anstalten und Einrichtungen, Sonderurlaub für Schwerbeschädigte in städtischen Betrieben, besondere Stipendien für Kriegerwaisen).

Ausbau des Gesundheitswesens (Krankenhäuser, Spiel- und Sportplätze, Schulzahnkliniken, Schulbäder, öffentliche Anlagen, Badeanstalten, Erholungsheime, Lungenheilanstalten, Geschlechtskrankheitenbekämpfung).

Schutz von Mutter und Kind, besondere Fürsorge für kinderreiche Familien bei Arbeits- und Wohnungszuweisung, Berufsansbildung usw., Mietzinssteuernachlaß).

Förderung aller Organisationen, die sich mit körperlicher Jugendertüchtigung, mit deutscher Volksbildung oder mit Fürsorgeaufgaben beschäftigen, soweit sie nicht parteipolitischen, marxistisch-jüdischen Zwecken dienen.

Verbesserung der sonstigen sanitären und hygienischen Einrichtungen (Wasserversorgung, Kanalisierung, Schlachthof, Hausunratabfuhr, Straßenreinigung und Beseitigung).

Gerechte Aufwertung der Sparguthaben und Bildung eines entsprechenden Aufwertungsstockes hierfür.

Ausbau des gesamten Bildungswesens, Anpassung der Lehrpläne an die Erfordernisse des praktischen Lebens, Förderung der Mittel- und Berufsschulen unter möglichster Schulgeldbefreiung für begabte und minderbemittelte Schüler.

Förderung deutscher Kunst und Kultur auf allen Gebieten (Theater, Film, Literatur, bildende Kunst, Musik, Bibliothekswesen).

Wir Nationalsozialisten haben jahrelang vor der irrsinnigen Politik gewarnt, deren entsetzliche Folgen heute das deutsche Volk büßen muß.

Wir haben die grauenhafte Katastrophe von heute vorausgesagt und haben die Wege gewiesen, sie zu vermeiden. Umsonst! Nun steht ein Winter vor uns, der schwerste seit 100 Jahren, wie Brüning zugeben muß. Und noch ist kein Ende abzusehen. Im Gegenteil. Brüning hat den bemerkenswerten Mut, neue große und schwere Opfer für das kommende Jahr heute schon anzukündigen.

Wollt Ihr euch fernerhin auch das noch gefallen lassen?

Nein! Es ist genug! Duldets nicht mehr! Wehrt euch!

Den Gemeindevertretungen wird in den kommenden Auseinandersetzungen entscheidende Bedeutung zukommen. Die Gemeinderäte dürfen künftig nicht mehr die willfährigen Instrumente einer wahnsinnigen Erfüllungs- und Verelendungspolitik sein, sie müssen erfüllt sein von nationalem Verantwortungsbewußtsein und wahrer sozialer Gerechtigkeit.

Darum hinweg mit den Volksverrätern von rechts und links!

Hinweg mit den „unpolitischen" unfähigen Interessenten-Haufen.

Wählt die Vertreter des schaffenden Volkes, die unbeirrt, unbeugsam u. kompromißlos das Ziel verfolgen,

Arbeit und Brot

für ihre Mitbürger zu schaffen nach dem Grundsatz des erwachenden Deutschlands

Gemeinnutz vor Eigennutz

Wählt Nationalsozialisten!

Herausgeber: Wilhelm Murr, M. d. R. — Druck: Gebr. Rath, Stuttgart, Paulinenstraße 37 b.

niedrigerem Stimmenanteil zogen je ein Kommunist und ein Nationalsozialist in den Gemeinderat ein. Offenbar traute man den Nationalsozialisten in der Kommunalpolitik weniger zu als in der »großen Politik«. Außerdem half es den bürgerlichen Kräften, daß sie nicht als politische Parteien, sondern im Gewand der Überparteilichkeit auftraten. Aber in seiner neuen Zusammensetzung wurde der Gemeinderat jetzt doch verstärkt zur Tribüne parteipolitischer Auseinandersetzungen. In polemischer Manier – »Marxistengehälter abbauen« war die Devise – attackierten die Nationalsozialisten in ihrer Ortszeitung einen sozialdemokratischen Stadtrat. Dieser war von Beruf städtischer Friedhofsgärtner und betrieb nebenher noch eine Gärtnerei.

Der Friedhofsgärtner S., SPD-Mann, bekannter Stadtrat und Doppelverdiener, bezieht ein stattliches Gehalt, mit dem er aber am Biertisch unter seinen Genossen immer der ärmste war. Die nationalsozialistischen Stadträte hatten allerdings ehrliches Mitleid mit diesem Genossen und stellten den Antrag auf gerechte Gehaltsregelung. Daher, daß der seitherige großzügig forcierte Verkauf von Gärtnereierzeugnissen sofort aufhören müsse, damit das ortsansässige, steuerzahlende Gärtnereigewerbe nicht geschädigt sei! Der Vertreter Moskaus und fanatische Kämpfer für Gehaltsabbau war dagegen anderer Ansicht. In seiner Giftspritze, dem amtlichen Organ der KPD, meinte dieser, sich in seiner Ideengemeinschaft mit den Marxisten, für diesen einsetzen zu müssen. Er tat deshalb die Bemerkung, daß ein solcher Verdienst für die äußerst pünktliche Tätigkeit von »morgens früh bis abends spät« angemessen sei. Er dachte dabei nicht an seine Mitproleten, die mit 12 Mark in der Woche mit Familie und Kindern auskommen sollen, sonst würde er nicht wörtlich gesagt haben: »Chrischtian, mir werdet scho d'r für sorge, daß des net so weit kommt!«

Bei den Reichstagswahlen vom 31. Juli 1932 wurde die NSDAP stärkste Parlamentsfraktion. Die Kommunisten und die Nationalsozialisten verfügten über die absolute Mehrheit der Sitze im Reichstag. Nach den parlamentarischen Spielregeln sollte die kommunistische Abgeordnete Clara Zetkin als älteste Parlamentarierin die erste Sitzung des neuen Reichstags eröffnen. Diese Ankündigung wurde vom »Hakenkreuzbanner«, der Ortszeitung der NSDAP, kommentiert:

Clara Zetkin, die jüdische Kommunistenführerin, soll nach gewesenem parlamentarischen Brauch als ältestes Mitglied den deutschen Reichstag feierlich eröffnen. Das ist ein Hohn auf alle Deutschdenkenden. Das deutsche Millionenvolk soll von einem Judenweib repräsentiert werden. Sehr wahrscheinlich fällt dieses russisch-jüdische Schauspiel mit der Darstellerin ins Wasser.

In einer der nächsten Ausgaben wurde dann im örtlichen Presseorgan der Nationalsozialisten über diese erste Sitzung des neugewählten Reichstags unter der Überschrift »Nationalsozialistischer Reichstagspräsident« berichtet:

In der Sitzung wurde unser Parteigenosse Göring, Fliegerhauptmann und Ritter des »Pour le Merite« und anderer höchster Orden, mit 367 Stimmen zum Reichstagspräsidenten gewählt. . . . An den Platz des Präsidenten tritt im Braunhemd der Frontsoldat Hermann Göring, stürmisch begrüßt von den jubelnden Heilrufen unserer 230 nationalsozialistischen Abgeordneten. Ein symbolischer Wechsel im Reichstag. Symbolisch für das deutsche Volk!

9. Hintertreppenkonflikte

Die Ortszeitungen der KPD, »Der rote Sender«, und der NSDAP, »Das Hakenkreuzbanner«, benützen ihre Blätter nicht nur zur Kommentierung des politischen Reichsgeschehens, sondern auch als Tribüne, um politisch aufgeputzte Hintertreppenkonflikte auszutragen. Eine Mieterin im Hause des Ortsgruppenleiters der NSDAP war mit einer im gleichen Haus wohnenden Familie wegen der gemeinsamen Benutzung einer Toilette zerstritten. Der Hausherr suchte daraufhin die Mieterin auf, um den umstrittenen Toilettenschlüssel an sich zu nehmen. Dabei kam es zu einem Zusammenstoß, den die Frau in einem Leserbrief an das Ortsorgan der KPD schildert:

Er schrie: . . . »Ich bin der Hausbesitzer! Die Treppe werfe ich Sie hinunter und Ihre Sachen hinten nach!« Dabei warf er mich zu meinem Zimmer hinaus und ließ die ganze Zeit nicht ab, mich zu schütteln und mit seinen Fäusten herumzupuffen, daß sich dabei auch meine Haare lösten. Er schrie mit aufgeblasenen Backen: »Ich bin der Hausbesitzer, auf mich wollen Sie herabblicken, für mich haben Sie ein gnädiges Kopfnicken. Stehen Sie nicht so hin, Sie Saumensch! Sie unverschämtes!« und schlug mir wutentbrannt, den Ausdruck eines Tieres in den Mienen, mit aller Wucht ins Gesicht. ... Am gleichen Abend schickte er mir einen Kündigungszettel.

Im »Hakenkreuzbanner« versuchte sich der Angegriffene in einem Artikel, der als Fortsetzungsgeschichte in drei Nummern erschien, zu verteidigen. Er schildert dabei die konfliktträchtige Szene aus seiner Sicht:

... Daher schob ich sie zur offenen Zimmertür hinaus auf den Gang, wo sich inzwischen noch einige Hausbewohner eingefunden hatten, die durch die Unterhaltung aufmerksam wurden. Mindestens zum 15. Mal wiederholte ich meine Forderung; als mir die Geduld ausging, gab ich H. zu verstehen, daß ich mich von ihr nicht mehr länger zum Besten halten lasse. Wenn sie mir jetzt keine Antwort gebe, sei ich genötigt, ihr eine herunterzuhauen, damit sie endlich zur Besinnung käme. Ich holte zum Schlag aus, um ihr die wohlverdiente Ohrfeige zu geben, wurde aber daran gehindert, wie H. selbst zugibt.

Die Ortszeitung der NSDAP benutzte diese Fehde, um die KPD anzugreifen, die im »Roten Sender« den

Leserbrief der Mieterin veröffentlicht hatte:

Die Kommunisten, die sich nach außen hin als Vertreter der Armen und Ärmsten aus dem schaffenden Volk aufspielen, haben sich bei diesem Fall einmal wieder richtig in die Tinte gesetzt und durch die Aufnahme dieses Berichtes der ehemaligen eifrigen Nazi-Anhängerin den besten Beweis geliefert, daß ihre ganze Tätigkeit in Sensation, Bluff, Lüge und Gemeinheit besteht. Merkt's euch, ihr Herren der Kommune, der geordnete Arbeiter ist nicht in euren Reihen, er hält treu zu Adolf Hitler.

10. Zum Leben: 55 Pfennig

Immer wieder mußte sich der von der bürgerlichen Mehrheit beherrschte Stadtrat in diesen Monaten mit der Situation der Arbeitslosen beschäftigen. Die KPD attackierte im Dezember 1932 in ihrer Ortszeitung die Kommunalpolitik. Denn der Beschluß des Gemeinderats, Arbeitslose kostenlos mit Strom und Gas zu versorgen, war nicht in die Tat umgesetzt worden. Nach wie vor wurden die Gashähne vieler Arbeitsloser gesperrt und die Stromversorgung in ihren Wohnungen blockiert. Wärmestuben und Volksküche, die hauptsächlich den Arbeitslosen mit ihren erkalteten Wohnungen und knurrenden Mägen dienten, waren durch einen Beschluß des Gemeinderats im Zuge von Sparmaßnahmen geschlossen worden. Die KPD sah darin nicht nur einen Angriff auf die materielle Lage der Arbeitslosen: Denn Wärmestuben und Volksküche waren zugleich ein Treffpunkt der vielen Arbeitslosen, die mit der KPD sympathisierten. Die Ortszeitung der Kommunisten attackierte im Dezember 1932 die Stadtverwaltung:

Im Gemeinderat spricht man mit salbungsvollen Worten von der Not der Erwerbslosen. Man entschließt sich sogar zu Maßnahmen, die eine fühlbare Linderung der Not der Erwerbslosen bedeuten – wenn sie durchgeführt würden –, aber hinten herum werden die Beschlüsse des Gemeinderats sabotiert. So wurde in der letzten Gemeinderatssitzung unter anderem beschlossen, jedem Erwerbslosen eine begrenzte Menge von Licht und Gas über die Wintermonate unentgeltlich zu liefern. Auch sollten die durch Zahlungsunfähigkeit blokkierten Gashähne und elektrischen Zähler wieder zum Gebrauch zur Verfügung gestellt werden. Heute noch, nach Wochen, sind eine ganze Anzahl der Plomben noch nicht entfernt worden. Von der unentgeltlichen Strom- und Gasabgabe sucht man sich überhaupt zu drücken. Die Volksküche, von der immerhin eine ganze Anzahl von Familien ihr Essen beziehen konnte, wurde sozusagen aus sittlichen und moralischen Gründen aufgehoben. Es sollte all den Familien, die ihr Essen bisher in der Volksküche bezogen hatten, die Möglichkeit gegeben werden, sich im »trauten Heim« das Essen selbst zuzubereiten. So ungefähr salbaderte der Bürgermeister im Gemeinderat. Von den Lebensmittelkarten, die zu diesem edlen Zweck herausgegeben werden sollten, hat noch kein Erwerbsloser eine gesehen. Da die Volksküche ein Zuschußbetrieb war, spart die Gemeinde von der Not der Erwerbslosen noch einige hundert Mark. Die Wärmestube, die hauptsächlich ledigen Erwerbslosen als Aufenthaltsort über die Wintermonate diente, wurde ebenfalls aufgehoben. Nur ganz vereinzelte Fälle sind bekannt, wo die vom Gemeinderat bewilligten Kohlen auch tatsächlich ausgehändigt wurden.

Einer dieser sogenannten »Wohlfahrtserwerbslosen« schildert in der kommunistischen Ortszeitung Mühlackers seine Lage:

Mein wöchentliches Einkommen beträgt 9 Mark, 12 Pfennig. Also monatlich 39 Mark, 52 Pfennig. Ein weiteres Einkommen ist nicht vorhanden. Im Gegenteil. Durch die Krankheit meiner Frau entstehen beträchtliche Mehrausgaben. Von dem fürstlichen Einkommen gehen ab für Miete: monatlich 12 Mark. Rechnet man noch für laufende Ausgaben einen Betrag von 10 Mark monatlich ab, so verbleibt für die Familie mit drei Köpfen der lächerliche Betrag von 17 Mark. Also pro Tag sage und schreibe ein Betrag von 55 Pfennig zum Leben.

Und »Der Rote Sender« der KPD appelliert in der gleichen Ausgabe an die Arbeitslosen:

Erwerbslose, verlangt, daß das wenige, das der Gemeinderat euch bewilligt, auch tatsächlich eingehalten wird. Duldet es nicht, daß man eure

Forderungen sabotiert. Ihr braucht weder zu hungern noch zu frieren. Riesige Vorräte an Lebensmitteln werden aufgespeichert und verderben. 12 Millionen Tonnen liegen unverkäuflich auf den Halden. Erhebt eure Forderungen! Her mit dem Überschuß der Kohlen. Wir wollen nicht frieren. Her mit dem Überschuß an Lebensmitteln! Wir wollen nicht hungern. Wir fordern Arbeit und Brot!

11. Erste Verbotsanträge

Bereits im Sommer des Jahres 1932 gab es Initiativen, die darauf zielten, den »Roten Sender« zu verbieten. In einem Schreiben des württembergischen Landeskriminalpolizeiamtes an das für Mühlacker zuständige Oberamt Maulbronn wird jedoch mitgeteilt, daß keine Voraussetzungen für ein solches Verbot vorlägen.

Betrifft: Ortszeitung der KPD
Ich habe die mir mit dem Schreiben vom 23. 5./2. 6. und 6. 6. 1932 zugesandten Stücke der kommunistischen Ortszeitung . . . überprüft. Eine Beschlagnahme der einzelnen Nummer dürfte nach meiner Auffassung bei Anwendung des in der Praxis des Polizeipräsidiums üblichen Maßstabes nicht in Betracht kommen. Damit entfällt auch die Voraussetzung für ein, beim Innenministerium zu beantragendes Verbot, das von diesen in der Regel erst ausgesprochen wird, nachdem mehrfach einzelne Folgen periodischer Druckschriften von Seiten der Ortspolizeibehörde beschlagnahmt worden sind.

In diesem Sinne habe ich übrigens auch an Herrn Bürgermeister W. anläßlich seines Besuches mündlich Auskunft erteilt.

im Auftrag
gez.: N. N., Regierungsrat

Die KPD Mühlackers gab aber nicht nur eine Zeitung heraus, sondern war auch auf kulturellem Gebiet aktiv. Im Dezember 1932 sollte ein Stück von Friedrich Wolff gezeigt werden. Der kommunistische Arzt und Schriftsteller aus Stuttgart war schon vorher öfter als Redner in Mühlacker aufgetreten. Nun schrieb das kommunistische Blatt:

Am 18. Dezember kommt Dr. Friedrich Wolff – der Verfasser von »Zyankali«, »Matrosen von Cattaro« – mit seiner weit bekannten Spielgruppe »Südwest« zu uns in unseren Ort. Überall, wo diese Truppe auftrat, erntete sie stürmischen Beifall. In Stuttgart ging die mitreißende Revue »Von New York bis Schanghai« vor über 10 000 begeisterten Zuhörern über die Bretter. Der junge Arbeitertheaterbund hat sich zur Aufgabe gestellt, auch einem verehrten Publikum Mühlackers diesen Genuß zu verschaffen, und hat die Spieltruppe »Südwest« hierher verpflichtet.

Die Theateraufführung war zunächst aufgrund der Notverordnung des Reichspräsidenten zur Sicherung des inneren Friedens verboten worden. Blutige Zusammenstöße und politische Morde in vielen Teilen des Reichsgebietes hatten die Regierung Papen dazu veranlaßt, politische Versammlungen für eine Weile zu untersagen. Nun lief dieser mehrfach erneuerte »Burgfrieden« am 2. Januar 1933 aus, und so wandte sich der Bürgermeister der Stadt Mühlacker an das württembergische Landeskriminalamt:

20. Dezember 1932

Betrifft: Theateraufführung »Von New York bis Schanghai«
Auf Weisung des Oberamts Maulbronn haben wir die, für Sonntag, den 18. des Monats geplante Aufführung des genannten Theaterstücks verboten. Die Aufführung soll nunmehr nach Außerkrafttreten der Burgfriedensnotverordnung stattfinden.
Da dieses Theaterstück auch dort schon zur Aufführung gelangte, bitten wir um baldige geflissentliche Mitteilung, ob die Aufführung des Theaterstücks infolge seines Inhalts den Tatbestand einer strafbaren Handlung erfüllt oder ob die Aufführung des Stückes nach dem zweiten Januar keine Bedenken bestehen.

Das Landeskriminalpolizeiamt mußte, allerdings widerwillig, grünes Licht für die Theaterrevue geben, wie ein Schreiben an das Bürgermeisteramt zeigt:

Der Inhalt des Theaterstücks, »Von New York bis Schanghai« grenzt hart an die Tatbestandsmerkmale des Hochverrats, bietet aber keinen Anlaß zu einem Vorgehen. Gegen die öffentliche Aufführrung dieses Theaterstücks nach dem 2. 1. 1933 bestehen keine Bedenken.

Wenige Wochen vor dem Ende der Weimarer Republik war die politische Atmosphäre allenthalben gespannt. Das Klima war bestimmt von der wachsenden Polarisierung zwischen KPD und NSDAP. Zu blutigen Zusammenstößen und dramatischen Zwischenfällen war es bisher in Mühlacker jedoch noch nicht gekommen. Als am 6. November 1932 ein neuer Reichstag gewählt wurde, stimmten 1092 der Wähler des Ortes für die NSDAP; das waren noch 0,5 Prozent mehr als am 31. Juli. Die KPD erhielt 21,5 Prozent der Stimmen, aber doch immerhin 0,7 Prozent weniger als bei den Juliwahlen. Die beiden liberalen Parteien, das Zentrum und die SPD, die über Jahre hinweg Regierungskoalitionen gebildet hatten, erhielten zusammen in der Novemberwahl etwa ein Sechstel der Stimmen. Sowohl die Gewinne der Nationalsozialisten als auch die Verluste der Kommunisten wirken überraschend, wenn man einen Blick über Mühlacker hinauswirft. Im Reich verloren die Nationalsozialisten am 6. November 1932 etwa 2 Millionen der Stimmen – oder 4,3 Prozent, während die Kommunisten von 14, 3 auf 16,9 Prozent der abgegebenen Stimmen anwuchsen. Die Verluste der NSDAP hatte vor allem drei Gründe: Erstens hatte sich die Regierung Papen in konservativen Kreisen ein gewisses Prestige erworben. Dies kam vor allem den Deutschnationalen zugute, die das »Kabinett der Barone« massiv unterstützten. Zweitens wirkte sich eine leichte Besserung der Konjunktur zugunsten der bürgerlichen Parteien aus. Drittens ver-

DER ROTE SENDER

Ortszeitung der K.P.D. Mühlacker

No.30 5.November 1932.

Heraus zum roten Angriff

Die Wahl am Sonntag steht im Zeichen eines verschärften Unterdrückungskurses der Papenregierung gegen die Arbeiterschaft. Sie soll, wenn es nach der Rechnung Papen geht, eine willfährige Mehrheit des Reichstags bringen, die alle reaktionären Pläne der Papenregierung durchführen hilft. Mag die Wahl ausfallen wie sie will,

Arbeiter, Bauern, Handwerker wählen Liste 3!

die Arbeiterschaft wird um ausserparlamentarische Aktionen nicht herumkommen. Sie hat in der letzten Zeit gezeigt, dass sie stark genug ist, alle Anschläge der Regierung, die ja doch nur das Ausführungsorgan der kapitalistischen Gruppen und Junker ist, da erfolgreich abzuwehren, wo sie in roter Einheitsfront zusammensteht. Dass dies nach den Wahlen notwendiger als je sein wird, das beweisen die Pläne der Papenregierung nur allzu deutlich.

November 1932: Die braune Gefahr schien gebannt – bei den Reichstagswahlen gewann die KPD 700 000 Stimmen, die NSDAP verlor zwei Millionen Anhänger.

Erwerbslose fordern Brot

emeinderatssitzung vom 31.10.32.

Nachdem die Gemeinderatssitzung letzten Donnerstag wegen Beschlussunfähigkeit aufgeflogen war, fand dieselbe am Montag statt. Bevor die Herren Städträte erschienen, waren wieder etwa 50 Erwerbslose im Rathaus versammelt, um sich über die Stellungnahme der Stadträte, sowie des Gesamtgemeinderates aus eigener Anschauung zu unterrichten. Um dem Gemeinderat den Anblick so vieler Erwerbslosen zu ersparen, wurden dieses Mal eine beschränkte Anzahl von Karten ausgegeben, die zur Beiwohnung der Sitzung berechtigten.

Bürgermeister Wörner unterbreitete die Forderungen der Erwerbslosen dem Gemeinderat und gab die Resultate einer Umfrage bei den den verschiedensten Gemeinden bekannt, wie die Wohlfahrtsunterstützung dort gehandhabt würde. Es war ein jammervolles Bild, dass sich da dem Zuhörer bot. Die Satze, welche in den verschiedensten Gemeinden den Aermsten der Armen gewahrt werden, sind im wahren Sinne des Wortes Hungersätze. Sie zeigen mit einer Deutlichkeit den ganzen Bankrott des heutigen Systems und beleuchten zugleich grell die ungeheure Kluft zwischen denen, die heute die Nutznisser des heutigen Systems sind und den Opfern der heutigen Gesellschaftsordnung.

Zahlreiche Gemeinden stehen heute vor dem Bankrott.

Ungeheure Steuerrückstände sind nicht beizutreiben. Würden sie rücksichtslos eingetrieben werden, so bedeutete das den Ruin einer ganzen Reihe von Bürger. Wie hoch die Beträge an Steuerrückständen sind, geht daraus hervor, dass die hiesige Gemeinde dem Oberamt etwa eine Viertelmillion Schuldet! und vom Oberamt gedrängt wird, dieselben beizutreiben. Die hiesigen Bürger werden sich also in nächster auf einen "angenehmen" Besuch gefasst machen können.

Infolge der schlechten finanziellen Lage glaubte es Herr Bürgermeister Wörner nicht verantworten zu können, die Forderungen der Erwerbslosen auf eine Barunterstützung, Mietsbeihilfe u.s.w. zu bewilligen, obwohl er die Forderungen der Erwerbslosen selbst als sehr bescheiden anerkannte.

In der nachfolgenden Aussprache stellte unser Vertreter den Antrag, das Vermessungsamt aufzuheben um so Mittel zu einer Barunterstützung für die Erwerbslosen freizubekommen. Ferner beantragte unser Vertreter, die plombierten Gashähne und Zähler für elektrisches Licht zu entfernen, und die rückständigen Beträge für Strom und Gas niederzuschlagen. In letzterer Hinsicht soll weitgehendst entgegengekommen werden.

Herr Stadtrat Händle beantragte die Hochwasserschutzarbeiten möglichst zu forcieren um so dem grösseren Teil der Erwerbslosen Verdienstmöglichkeit zu geben.

Der Gemeinderat erhob dann zum Beschluss, den Erwerbslosen im Laufe des Winters mit durchschnittlich 10 Zentner Brikett zu versorgen, während der Wintermonate eine Menge von 3 cbm. Gas und 5 KW. Strom unentgeltlich zu liefern, ferner den erwerbslosen Familien eine ausreichende Menge von Kartoffeln zu liefern. Die Zuteilung der Kohlen und Kartoffeln erfolgt durch den Arbeitsverteilungsausschuss.

Der Bürgermeister wurde beauftragt, um Mittel für eine Barunterstützung der Erwerbslosen beim Staat nachzusuchen.

In der Nichtöffentlichen Sitzung wurde die katastophale Lage der Gemeindefinanzen geschildert und Massnahmen besprochen, um einen besseren Eingang der Steuern zu erzielen, und einige kleinere Gegenstände behandelt.

Herausgeber, für Inhalt und Druck verantwortlich: E.Berties, Mühlacker

Kampffront
Schwarz-weiß-rot

Bauern merkt auf!

Bauern sind national, wollen national wählen, aber sie sind keine Sozialisten.

Was tun? - Sehr einfach!

Bauern wählen Bauernbund, weil sie wohl Nationalisten, aber keine Sozialisten sind.

Bauern wählen

Nummer 11

Bauern- und Weingärtnerbund

Bekenne Dich zum

Kampfblock Schwarz-weiß-rot!

Ein neuer Entscheidungskampf um die deutsche Zukunft hat begonnen.

Es geht in ihm

um Aufrechterhaltung deutscher Arbeit und Wirtschaft,
um Tributfreiheit und Wehrhoheit,
um die Befreiung Preußens von marxistischer Vorherrschaft und
um die Beseitigung eines unerträglichen Notverordnungszwanges.

Der Kampf gilt dem System und dem Geist des 9. November!

Die auf die Sozialdemokratie gestützte Brüningfront will das System erhalten. Es ist die Front der politischen Verzweiflung. Hinter der ehrwürdigen Gestalt des Feldmarschalls von Hindenburg sucht sie jetzt Schutz und Rettung. Das ist der Sinn des Eintretens für ihn.

Der Tag, an dem vor zwei Jahren der Reichspräsident den Youngplan unterschrieb, der 13. März, bringt Aufmarsch und Klärung der Fronten, die um die Reichspräsidentschaft ringen.

Für den weiteren Verlauf der deutschen Geschicke ist es entscheidend, daß die bodenständigen, aufbauenden, kampfbereiten und erfahrenen Kräfte unseres Volkstums ihrer Bedeutung gemäß zum Einsatz kommen, und daß auch schon beim 1. Wahlgang keine Stimme der nationalen Front verlorengeht.

Getreu den in Harzburg gegebenen Parolen haben sich deshalb die

Deutschnationale Volkspartei und
Der Stahlhelm, Bund der Frontsoldaten,

unterstützt von zahlreichen auf nationalem, christlichem und sozialem Boden stehenden Gruppen und Persönlichkeiten des politischen, kulturellen und wirtschaftlichen Lebens zu engster Kampfgemeinschaft für die Reichspräsidentenwahl und die ihr folgenden Entscheidungen in einem schwarz-weiß-roten Kampfblock zusammengeschlossen.

Nur in Nuancen unterscheiden sich die Parolen des Bauern- und Weingärtnerbundes von der Propaganda der NSDAP. Zunächst mit den Deutschnationalen liiert, gehen sie später nahtlos im Reichsnährstand des »Dritten Reiches« auf.

Die grüne Fahne weht! Wohl dem, der zu ihr steht!

Diesmal wird nur

Liste 12 gewählt!

Bauern- u. Weingärtnerbund

Dem Polizeipräsidium Stuttgart vorgelegt 26. 10. 32.

Bauer und Weingärtner!

Eure Führer haben seit Jahrzehnten in ehrlicher, zäher Arbeit für Euch gekämpft; sie werden dies auch weiter tun. An Euch ist es, am 6. November 1932 zu wählen und zwar diesmal nur

Liste 12

Bauern- und Weingärtnerbund!

Dem Polizeipräsidium Stuttgart vorgelegt 26. 10. 32.

Einigkeit macht stark!

Wählt berufsständisch!

Wählt vaterländisch!

Liste 12

Bauern- und Weingärtnerbund

Dem Polizeipräsidium Stuttgart vorgelegt 26. 10. 32.

Bauern sind keine Sozialisten

Der Sozialismus hat uns in die Not geführt,

nur der vaterländische Volksstaat wird uns retten.

Wählt Liste 12

Bauern- und Weingärtnerbund

Dem Polizeipräsidium Stuttgart vorgelegt 26. 10. 32.

Leitsatz:
Arbeit u. Brot
Trotz Lüge u. Tod!

Das Haken=Kreuz Banner.

Sonderbeilage zum Hakenkreuzbanner Nr. 10.
den 3. Dezember 1932.

Ortsgruppe Mühlacker.

Samstag, den 3. Dezember abends 8 Uhr

Mitgliederversammlung

im Hotel Post. Erscheinen ist Pflicht. Ausweise mitbringen. Nichtmitglieder haben keinen Zutritt. - Pg. Reiner M.d.L. spricht zur Lage.

Ortsgruppenleitung.
Lorch.

Wer nicht hören will . . . .

Zur Milchpreisfrage. Im Juli ds. Js. berichteten wir im Hakenkreuzbanner über Milchwirtschaft. Die NS Stadträte brachten einen Dringlichkeitsantrag auf Herabsetzung des Milchpreises um 2 Pfg. pro Liter beim Gemeinderat ein. In verschiedenen Zeitungsartikeln von Seiten der Verbraucher, Erzeuger und Händler wurde gestritten um die Herabsetzung des Milchpreises von 22 auf 20 Pfg. pro Liter. Wir haben sr. Zt. darauf hingewiesen, dass, wenn der Milchpreis nicht gesenkt und der wirtschaftlichen Lage angepasst wird, die Verbraucher sich genötigt sehen zur Selbsthilfe zu greifen. Dadurch würde der schwarze Milchhandel gefördert, und für die hiesigen Milcherzeuger zum Schaden werden.
Unsere Warnungen wurden leider nicht gehört, der hiesige landw. Ortsverein stellte unseren Dringlichkeitsantrag als Wahlagitation hin und schrieb in einem Eingesandt: "Das ist der wahre Sachverhalt der von den beiden Herrn aufgepeitschten Milchpreisfrage". Und wie sieht es heute aus? Die Verbraucher, denen die Milch am hiesigen Platz zu teuer ist gehen auf die nächstliegenden Ortschaften, holen sich dort das Liter Milch zu 10 Pfg. und ersparen sich somit am Liter 12 Pfg. Was wir vorausgesagt haben, ist nun eingetroffen, der schwarze Milchhandel ist in vollem Gang und die hiesigen Erzeuger und Händler haben den Schaden z tragen. Von Händlerseite wird nun über den schlechten Milchabsatz geklagt und der Vorschlag gemacht die Milch mindestens auf 18 Pfg. herabzusetzen, um so den Milchbezug von auswärts zu unterbinden. Von Verbraucherseite liegt ein Antrag zur Gründung einer Verbrauchergenossenschaft vor, durch welche die Milch, das Liter zu 15 bis 16 Pfg. abgegeben werden kann, dabei würde der Erzeuger auf dem Lande einige Pfennig mehr für das Liter erhalten wie bisher. Die angesagte Regelung der Milchfrage am hiesigen Platz durch Zusammenschluss und Anschluss an die Schwarzwaldmilchversorgung lässt lange auf sich warten. Die Verbraucher regeln inzwischen die Angelegenheit selbst.
Die hiesigen Milcherzeuger und hauptsächlich der landwirtschaftliche Ortsverein hier muss nun endlich zur Einsicht kommen, dass hohe Preise

Die Milchpreise – ein Dauerthema der Nationalsozialisten.

schreckte es manche bürgerlichen Wähler, daß die Nationalsozialisten kurz vor dem Wahltag beim Streik der Berliner Verkehrsarbeiter gemeinsame Sache mit den Kommunisten machten. Die Kommunisten nahmen ihrerseits vor allem den Sozialdemokraten Stimmen ab.

Für Hitler war der 6. November 1932 ein schwerer Schlag. Der Mythos seiner Unbesiegbarkeit schien gebrochen. In diesem Augenblick kamen ihm Kreise zu Hilfe, die mit General Schleicher, seit dem 2. Dezember 1932 Papens Nachfolger auf dem Stuhl des Reichskanzlers, äußerst unzufrieden waren. Schleicher wollte die Arbeitslosigkeit, die im Sommer 1932 mit 6 Millionen ihren Höhepunkt erreicht hatte, durch öffentliche Arbeitsbeschaffung bekämpfen. Außerdem suchte er die Gewerkschaften für seine Politik zu gewinnen und im Reichstag eine parlamentarische Front aufzubauen, die von den Sozialdemokraten bis zu einem vermeintlich gemäßigten Teil der Nationalsozialisten reichen sollte. Schleichers Versuch, den Reichsorganisationsleiter der NSDAP, Gregor Strasser, zu seinem Vizekanzler zu machen und Hitlers Partei zu spalten, scheiterte jedoch ebenso wie seine Bemühungen um die SPD. Dennoch weckte Schleichers Politik das Mißfallen zahlreicher Industrieller, die in ihm einen gefährlichen »Staatssozialisten« erblickten. Die Unzufriedenheit mit Schleicher gab jenen Kräften im Unternehmertum, vor allem der Schwerindustrie, Auftrieb, die die NSDAP seit einiger Zeit finanziell unterstützt hatten und zum Teil eine Kanzlerschaft Hitlers wünschten. Noch wichtiger aber war es, daß die Großagrarier, die schon zu Brünings Entlassung entscheidend beigetragen hatten, den Sturz Schleichers betrieben. Sie fürchteten, daß der Reichstag den »Osthilfe-Skandal« aufdekken würde – die Veruntreuung öffentlicher Mittel zugunsten der hochverschuldeten ostelbischen Rittergüter. Der Reichslandbund, in dem der Großgrundbesitz das entscheidende Wort zu sagen hatte, wollte eine Aufhellung des Skandals um jeden Preis verhindern. Eine Kanzlerschaft Hitlers war das sicherste Mittel, um dieses Ziel zu erreichen. Es kam den Agrariern zupaß, daß Hindenburg korruptionsverdächtige Freunde gedeckt hatte und dadurch indirekt in die Osthilfe-Affäre verwickelt war.

Zu den Fürsprechern einer Machtübertragung an Hitler machte sich schließlich auch Franz von Papen, der das persönliche Vertrauen Hindenburgs genoß und es nicht verwinden konnte, daß Schleicher ihm das Kanzleramt abgenommen hatte. Am 28. Januar 1933 war es soweit: Schleicher trat zurück, nachdem Hindenburg ihm die geforderten diktatorischen Machtmittel abgeschlagen hatte. Zwei Tage später wurde Adolf Hitler zum Reichskanzler ernannt. Er trat an die Spitze einer »Regierung der nationalen Konzentration« – eines Kabinetts, dem Papen als Vizekanzler und der deutschnationale Parteiführer Hugenberg als Wirtschafts- und Landwirtschaftsminister angehörten. Außer Hitler gab es nur zwei Nationalsozialisten in der Regierung: den Innenminister Frick und Göring als Minister ohne Geschäftsbereich. Auf den ersten Blick schien es, als sei es den Konservativen gelungen, Hitler »einzurahmen« – ihn ihrer Sache nutzbar zu machen.

Das »Dritte Reich« beginnt

1. Die KPD ruft die Massen

Am gleichen Tag, als in Berlin Schleicher stürzte und den Weg frei gab für das Hitler-Papen-Kabinett, veranstaltete in Mühlacker die KPD nochmals eine Großkundgebung.
Sie sollte sich gegen die Regierung des Reichskanzlers, General Schleicher, und gegen die württembergische Landesregierung unter der Führung des Zentrumpolitikers Bolz richten. Das für Mühlacker zuständige Oberamt Maulbronn gibt der Ortspolizei dazu folgende detaillierte Anweisungen:

Oberamt an das Landjägerstationskommando
Betrifft: Kommunistische Demonstration
Am Samstag, den 28. Januar 1933 nachmittags 4.00 Uhr, findet eine Demonstration der KPD statt. Der Zug soll ungefähr 200 Mann groß sein. Die Landjägerbeamten werden angewiesen, an diesem Nachmittag Dienst zu tun. Außerdem sind von hier noch zwei Landjägerbeamte in das Rathaus zu entsenden. Dem Bürgermeisteramt zur Kenntnis. Es wird dem Bürgermeisteramt empfohlen, den Weg des Umzugs der Leitung der Demonstration festzulegen. Ein anderer als der festgelegte Weg darf dann nicht genommen werden.

Es folgt der Text des kommunistischen Aufrufs:

Heraus zur Demonstration!
Die werktätige Bevölkerung unseres Ortes und der Umgebung demonstriert am Samstag, den 28. Januar, um 4.00 Uhr, gegen die Bürgersteuer!
Gegen den faschistischen Mordterror!
Gegen den Hunger der Bolz- und Schleicherregierungen!
Für Arbeit und Brot!
Für die Einheit der Arbeiterklasse auf dem Boden des Klassenkampfes!
Für die Arbeiter- und Bauernrepublik!
Sammelplatz: Rathaus.

Am 28. Januar, dem Tag der Demonstration, meinte das Ortsorgan der KPD, daß das Unbehagen innerhalb der SA über die sich formierende Koalition mit den nationalen und konservativen Kräften zu einer Wende führen könnte:

Die Ratten verlassen das sinkende Schiff! Die Zersetzungserscheinungen innerhalb der NAZI-Partei machen immer weitere Fortschritte. Ganze SA-Stürme haben die Nase voll von der Korruptionswirtschaft ihrer Bonzen und treten aus.
Je mehr die Zersetzung fortschreitet, um so fieberhafter bemüht sich Hitler, um noch rasch an die Futterkrippe ranzukommen. Er verhandelte mit den von ihm bekämpften feinen Leuten: Mit Papen, Hugenberg usw. und ist bereit, mit den Reaktionären eine Regierung zu bilden. Die ganze Erbärm-

lichkeit und der Volksbetrug kommt in diesem Kuhhandel zum Ausdruck. Was Wunder, wenn die ehrlichen, noch nicht korrumpierten Elemente die Nazipartei in Scharen verlassen. Hitler versucht verzweifelt zu retten, was noch zu retten ist. Vergeblich. Seine bisher treuesten Trabanten versuchen sich noch schleunigst zu retten, bevor er das Parteischiff in den Abgrund steuert!

2. Mühlacker, den 30. Januar 1933

Die Kommunisten hofften vergebens. Millionen von Anhängern jubelten, als zwei Tage später Hitler an die Spitze der Reichsregierung berufen wurde. Ein Realschüler erinnert sich noch genau des Augenblicks, in dem er erfuhr, daß Hindenburg Hitler zum Kanzler berufen hatte:

Ich wurde von unserem Lehrer zu einem geachteten Bürger in Mühlacker geschickt, von dem ich wußte, daß er deutschnational eingestellt und organisiert war. Wie ich ihm einen Brief übergeben habe von der Schule, kam eben schon die Sondermeldung, daß der Reichspräsident Hindenburg den Führer der NSDAP, Adolf Hitler, zum Reichskanzler ernannt habe. Die erste Reaktion dieses Bürgers mit deutschnationaler Gesinnung: »So eine Schande!« Er horchte weiter, und als er hörte, daß Hugenberg und Seldte und Papen mit in der Regierung waren, ja, daß sie ein großes Kontingent in der Regierung stellten, da glätteten sich seine Zorneswogen wieder etwas, und er sagte dann: »Na, ja, hoffen wir, daß es etwas wird.«

Der Schüler selbst reagierte ganz anders als sein deutschnationaler Lehrer:

Ich selber habe allerdings, wie wir Jungen damals eingestellt waren, einen Luftsprung gemacht aus Freude, daß nun wirklich die sogenannte nationale Erhebung angebrochen war. Die hat mich damals als junger Mensch wirklich ganz buchstäblich erhoben.

Ein anderer Bürger aus Mühlacker, der Sohn von Stadtpfarrer R., 1933 ebenfalls noch Schüler, erzählt, wie er sich dem Fackelzug, der am Abend des 30. Januar stattfand, anschloß:

Am 30. Januar kamen nachmittags Freunde meiner Schwester und sagten: »Adolf Hitler ist Reichskanzler geworden.« Damals war ich ziemlich erschrocken. Und dann erinnere ich mich noch, daß ich am Abend am Anfang der Bahnhofstraße stand, als ein Fackelzug, wahrscheinlich liedersingend, vorbeizog. Von einem, die in diesem Fackelzug mitmarschierten, wurde ich erkannt und dann vom Gehweg in den Zug hereingezogen, und ich bin dann ebenfalls mitmarschiert. Wie es ausging, daran kann ich mich heute nicht mehr erinnern.

Einer der Schüler von damals verband große Hoffnungen mit der Machtergreifung:

Über die Hoffnungen hinaus, daß unsere sogenannte nationale Ehre und das nationale Ansehen wiederhergestellt wird in der Welt, das durch Versailles angeschlagen und so ziemlich am Boden zerstört war, und über die Hoffnung hinaus, daß die wirtschaftliche Notlage, besonders die Arbeitslosigkeit, beseitigt wird und daß darüber hinaus, wie man so sagt, wieder Zucht und Ordnung im Staat und im Lande herrscht, darüber hinaus waren damals, vor allem unsere Gedanken als Jugendliche, aber auch die unserer Väter und Mütter und der Erwachsenen, nicht gegangen. Man nahm an, daß, wenn Hitler Versailles beseitigt hat und die Arbeitslosigkeit, er dann ordnungsmäßig weiter regiert und keine weiteren, vor allem keine Eroberungspläne und Kriegspläne im Hintergrund hat. Das war von keinem vorauszusehen, und das hat auch keiner geahnt.

Der andere Weggenosse beim Fackelzug, der Pfarrerssohn, schildert rückblickend seine Empfindungen bei der Machtergreifung der Nationalsozialisten:

Da muß man natürlich zunächst einmal diese ganze damalige Zeit etwas rekonstruieren, diese Zeit der großen Arbeitslosigkeit und der Weltwirtschaftskrise, wo ja wirklich viele Leute gehungert haben, dann diese Massenansammlungen vor den Arbeitsämtern, wo die Leute gestempelt haben und wo nun also jetzt solche extremen Gruppen hochkamen. Auf der einen Seite die Kommunisten, auf der anderen Seite die Nationalsozialisten.

In der Zeitung wurde dauernd über politische Morde geschrieben. Und was ich nun so persönlich erlebt habe, diese uniformierten Leute, gestiefelt und gespornt – auch rein physiognomisch haben die mich meistens abgestoßen. Überhaupt dieser ganze militärische Drill.

3. Die Linke wartet – vergeblich

In weiten Kreisen waren die mit kämpferischem Gehabe auftretenden Nationalsozialisten als Rabauken verschrien. Nachdem Hitler nun Reichskanzler geworden war, versuchten die Nationalsozialisten dieses Bild aus der Kampfzeit zu ändern, um salonfähig zu werden. Nicht zuletzt deshalb präsentierte sich Hitler in seiner Erklärung am 4. Februar dem deutschen Volk als verantwortungsbewußter Staatsmann.

Über 14 Jahre sind vergangen, seit dem unseligen Tage, da von inneren und äußeren Versprechungen verblendet, das Deutsche Volk der höchsten Blüte unserer Vergangenheit, des Reiches, seiner Ehre und seiner Freiheit beraubt wurde, und dabei alles verlor. Seit diesen Tagen des Verrates hat der Allmächtige unserem Volk seinen Segen entzogen. 14 Jahre Marxismus haben Deutschland ruiniert! Ein Jahr Bolschewismus würde Deutschland vernichten! Die heute reichsten und schönsten Kulturgebiete der Welt würden in ein Chaos und Trümmerfeld verwandelt. Selbst das Leid der letzten eineinhalb Jahrzehnte könnte nicht verglichen werden mit dem Jammer eines Europas, in dessen Herzen die Rote Fahne der Vernichtung aufgezogen werden würde. Die Tausende von Verletzten, die unzähligen Toten, die dieser innere Krieg schon Deutschland heute kostet, mögen ein Wetterleuchten sein der Warnung vor diesem Sturme. . . . In diesen Stunden der übermächtig hereinbrechenden Sorgen um das Dasein und die Zukunft der deutschen Nation, rief uns Männer nationaler Parteien und Verbände der greise Führer des Weltkriegs auf, noch einmal, wie einst an den Fronten, nunmehr in der Heimat, in Einigkeit und Treue für des Reiches Rettung unter ihm zu kämpfen.

In einer Sonderausgabe des »Roten Senders« griff die KPD im Februar das neue Kabinett an. Das Flugblatt trägt den Titel: »Hitler, Papen, Hugenberg – die Retter der Milliarden für die Großindustriellen und Krautjunker.«

Das 3. Reich bricht aus: Es kündet sich an in bestialischen Mordtaten der braunen System-Armee. Mit Schnellfeuer auf friedlich heimkehrende Versammlungsbesucher, mit Spatenhieben auf die Schädel von wehrlosen Arbeitern, mit der Zertrümmerung der Einrichtung der Arbeiterschaft, mit Bomben in die Druckereien der marxistischen Presse, mit Presseverboten und Massenverhaftungen von Kommunisten. Der Mordterror der braunen Banden soll davon ablenken, daß Hitler von seinen Programmpunkten, für deren Verwirklichung er seinen Kopf verpfändet hat, auch nicht

einen seit seiner Kanzlerschaft verwirklicht hat.
Wie wollten die Nazis doch ausmisten!
Wie wollten sie doch das Parteibuchbeamtentum beseitigen!
Der Schandvertrag von Versailles sollte zerrissen werden. Die jüdischen Warenhäuser und Börsen geschlossen, die Kriegsgewinne restlos eingezogen werden.
Die »Brechung der Zinsknechtschaft« sollte dem geplagten Volk wieder ein etwas sorgenfreieres Leben ermöglichen.
Banken, Trusts und Konzerne sollten verstaatlicht werden . . .
Hitler hat nun die Macht. Binnen 48 Stunden wollte Hitler sein großes Befreiungsprogramm, das zugleich Arbeit und Brot bringen sollte, dem Volk offenbaren. Außer einem bißchen Siedlung, die Brüning schon versprach, Zwangsarbeit für Jugendliche, besteht Hitlers »Programm« in der »Ausrottung des Marxismus«. Selbst Reaktionäre wie Staatspräsident Bolz können nicht anders über das Programm Hitlers urteilen: als daß es aus lauter Phrasen bestehe.

In Mühlacker schwirren Anfang Februar 1933 Gerüchte, daß die KPD in den Mittelbetrieben des Ortes und der Umgebung versuche, Streiks gegen die neue Regierung zu organisieren. Das Organ der Nationalsozialisten greift diese Gerüchte auf, um – noch ganz im Bann der Ernennung Hitlers zum Reichskanzler – die angeblichen Streikinitiativen der Kommunisten propagandistisch auszuschlachten:

Der Reichspräsident hat Adolf Hitler, den Führer der Deutschen Freiheitsbewegung, zum Reichskanzler ernannt! Wie ein geölter Blitz schlug diese Drahtmeldung in den antifaschistischen Laden, der sofort in Flämmchen stand. Die geistige Leitung mit den großschnäuzigen Tönen: Generalstreik – auf die Barrikaden – Massenaufmärsche – Kampf bis aufs Messer – Tod dem Faschismus – Nieder mit Hitler – und sonstigen Kraftaussprüchen. Also ran an die Kiste: Tonwerk – Ziegelei – Maschinenfabrik – Weberei . . . – müssen stilliegen. Und des Nachts werden die großen Befehle an die Massen ausgegeben. Auch in einem Nachbardorf sollten einige Krakeeler im Bubenalter in den Kampf um die Weltrevolution eingesetzt werden. Zuvor machten sich die Burschen gegenseitig durch saftige Fleischbrühsprüche Mut, zeigten einander die Fäuste, begeisterten ihr Heldenherz an Messern und Schlagringen; und nun auf zum Sturm für unsere deutschen und russischen Juden. Der Erfolg ließ sich am besten an den ergötzlichen Aussagen einiger vernünftiger Arbeiterinnen treffend feststellen. Diese lachten während ihrer Erzählung aus vollem Herzen, weil die Schreier sich ängstlich in den Hintergrund drückten und die Mädchen vorkommandierten. Diese klägliche, erbärmliche, feige Art kennzeichnet den Mut dieser Streikhelden. Kein Wunder, wenn die Arbeiterinnen mitleidig ausrufen: »Wir haben geglaubt, wir hätten Männer, jetzt sind das solche Schlappwedel! Angst haben sie gehabt um ihre Pöstchen, aber wir, die froh sind, daß wir arbeiten können, sollen streiken . . .« Arbeiter und Arbeiterinnen, das sind die Maulhelden, so feig, wie ihre Judenführer – Hände weg von solchen Arbeiterführern. Her zu dem starken Block Adolf Hitlers, der den Schaffenden der Stirn und der Faust Arbeit und gerechten Lohn gibt.

Das erwähnte Nachbardorf war Enzberg, eines jener schwäbischen Dörfer, die ihren landwirtschaftlichen Charakter seit dem 19. Jahrhundert immer mehr verloren hatten. Hier wohnten Arbeiter, die morgens ins nahegelegene Pforzheim, einen Mittelpunkt der Schmuckindustrie, pendelten und abends in ihr Dorf zurückkehrten. Enzberg war eine Hochburg der Linken. Aber auch dort fand im Februar 1933 eine Versammlung der NSDAP statt. Der Vortrag gipfelt in dem Ausruf des Ortsgruppenleiters der NSDAP:

Wir sind dabei, den Saustall auszuräumen!

In dem kleinen Dorf beherrschen jedoch die Gegner der Nationalsozialisten die Szenerie. Das »Reichsbanner Schwarz-Rot-Gold«, der Kampfverband der Sozialdemokraten, hat hier rund 30 Mitglieder. Aufgabe des »Reichsbanners« war es, Versammlungen von Sozialdemokraten in Mühlacker und Umgebung vor Störaktionen zu schützen. Nach dem Ausruf des NSDAP-Funktionärs gerät die dörfliche Zuhörerschaft in Aufregung, und der Auftritt des nationalsozialistischen Redners entwickelt sich zu einem allgemeinen Tumult. Ein Redakteur der sozialdemokratischen Zeitung aus Pforzheim ergreift das Wort, und die Versammlung der

NSDAP endet als anti-nationalsozialistische Kundgebung. Das war im Februar 1933 nach der »Machtergreifung« im Reich. Im gleichen Monat versammelten sich in dem Dorf drei Tage und Nächte lang Kommunisten und Sozialdemokraten spontan in der Turnhalle. Außer ihnen sind Mitglieder der Naturfreunde und der Arbeitersportvereine anwesend. Ein Augenzeuge berichtet:

In Enzberg versammelten sich die Kommunisten und Sozialdemokraten. Zwei, drei Nächte lagen sie wach auf einer Ringermatte und warteten auf den Befehl, um diesen Nazis die Macht wieder zu entreißen, und wenn es mit Gewalt wäre.

Sie warteten auf Instruktionen ihrer Parteizentralen. Die erwarteten Waffen für den offenen Widerstand bleiben jedoch aus. Ein ehemaliges Mitglied der SA schildert, warum es seiner Meinung nach damals nicht zu dem von vielen befürchteten Bürgerkrieg kam:

Ich glaube, das kam vor allem daher, daß im Gegensatz zu der bisherigen Propaganda von der Linken keinerlei Bürgerkriegsvorbereitungen getroffen waren. Offenbar haben die damals geglaubt, es würde alles so auf demokratisch herkömmliche Weise entschieden. Sie waren auf den Ablauf der Dinge nicht vorbereitet. Sehr gut vorbereitet war dagegen die Polizei, die Reichswehr und auch die Nationalen Verbände, Stahlhelm und SA – die standen alle in Bereitschaft. Die hatten auch Waffen und waren entschlossen, sehr schnell zu-

zugreifen. Und ehe die Linken sich besonnen haben, war es vorbei.

4. Die unterbrochene Führerrede

Noch saß die Regierung Hitler nicht fest im Sattel. Noch konnten die Gegner des Nationalsozialismus Versammlungen durchführen und Flugschriften verteilen. Nach wie vor gab es auch in Mühlacker Sozialdemokraten und Kommunisten im Gemeinderat, der routinemäßig seiner Arbeit nachging. Solange in Württemberg noch die Staatsregierung unter Führung des Zentrumspolitikers Bolz im Amt war, konnte hier von einer totalen Machtergreifung der Nationalsozialisten nicht die Rede sein. So wurde auch ein erneuter Antrag des Bürgermeisteramtes – und des für Mühlacker zuständigen Oberamts Maulbronn –, die Ortszeitung der KPD zu verbieten, am 14. Februar 1933 erneut abgelehnt. Nach längeren Ausführungen kam Staatspräsident Bolz, der sich diesmal persönlich mit dem Antrag befaßte, aus juristischen Überlegungen zu dem Ergebnis:

Deshalb ist ein Vorgehen gegen das KPD-Organ entsprechend dem Antrag des Bürgermeisteramts . . . und des Oberamts nicht möglich. Dem Oberamt wird anheimgegeben, einen erneuten Verbotsantrag zu stellen, falls der Inhalt künftiger Nummern der Druckschrift einen der Tatbestände des § 9, Absatz 1 der Verordnung vom 4. Februar 1933, zweifelsfrei erfüllen sollte.

Der württembergische Staatspräsident Bolz war den Nationalsozialisten ein Dorn im Auge. Das zeigte sich deutlich bei einer Wahlrede des neuen Reichskanzlers in Stuttgart am 15. Februar 1933.

Alle die Gedanken von Arbeitsbeschaffung, Zinsfestsetzung oder vom Arbeitsdienst – sie stammen nicht vom Herrn Staatspräsidenten Bolz – sondern sie stammen aus unserem großen deutschen Aufbauprogramm.
An einem wird nicht mehr zu zweifeln sein, die Zeit international-defätistisch-marxistischer Zersetzung und Zerstörung unseres Vaterlandes ist vorbei und kommt nicht mehr.

Weiter konnten Rundfunkhörer Hitlers Stuttgarter Rede nicht hören. Eine Gruppe von Gegnern der Nationalsozialisten hatte das Übertragungskabel zwischen dem Versammlungssaal und dem Stuttgarter Funkhaus gekappt. Unter der Überschrift »Geht es nun aufwärts?« kommentierte danach »Der Rote Sender« am 25. Februar das abrupte Ende der Hitlerrede:

Hitler reist im Lande herum und hält Reden. Der Inhalt seiner Reden ist immer so ziemlich derselbe: Vierzehn Jahre Marxismus, ein furchtbarer Trümmerhaufen, Novemberverbrecher, Ausrottung des Marxismus, sittliche Erneuerung, gebt mir vier Jahre Zeit – usw. Diese Reden, die auf das deutsche Volk losgelassen werden, haben in Stuttgart einige gescheite Menschen, die dem Roten Frontkämpferbund angehören sollen, nicht mehr ertragen können und durch einen Beilhieb auf die Quasselstrippe dem Wunsch des größten Teils der Bevölkerung Rechnung getragen, die es müde ist, immer nur Reden und Versprechungen zu hören.

In derselben Ausgabe griff das Blatt der KPD das Polizeiaufgebot an, das während der Hitlerrede in der Kleinstadt aufgefahren war, um den Großsender vor einem Sabotageakt zu schützen:

Was war denn los am Donnerstag abend? War die Revolution ausgebrochen? Der Kriegszustand erklärt? Stand eine feindliche Invasion bevor? Fast schien es so. Denn ein Auto voll schwerbewaffneter Schupos raste durch Mühlacker. Scheinwerfer suchten den Himmel und die nähere Umgebung . . . nach dem »Feind« ab. Leuchtkugeln schossen durch die neblige Nacht, Panzerwagen mit Scheinwerfern rasten durch die Straßen (von Stuttgart . . .) und suchten die Strecke ab. Polizeiposten auf Polizeiposten waren im Abstand von 50 Metern postiert. Eine Menge Kriminalbeamte fehlte ebenfalls nicht. Daß auch die SA hinauszog, um die Übertragung der Wahlrede – denn nur deshalb wurden die Absperrungs- und Überwachungsmaßnahmen getroffen – zu sichern, ist schließlich nicht mehr verwunderlich. Es ist das erste Mal, seit Reichskanzler am Rundfunk reden, daß ganze Gebiete in ein Heerlager verwandelt werden. Das gehört wahrscheinlich zum Aufbruch des Dritten Reiches.

DER ROTE SENDER

Ortszeitung der K.P.D. Mühlacker

No.44. 11.Februar 1933

Nieder mit dem Faschismus!

Einige Zeit ist schon verstrichen, seit Hitler von Hindenburg, der
it den Stimmen der SPD.gewählte Reichspräsident, der von der SPD.-
ührung als "Bollwerk gegen den Faschismus" bezeichnet wurde, als
eichskanzler ernannt wurde. Die Beauftragung der Hitler-Papen-Hugen-
erg-Seldte bedeutet einen konzentrierten Angriff auf die Le-
enshaltung und Lebensinteressen der werktätigen Massen, bedeutet
euen, noch schärferen Lohnraub, schärfsten Unterstützungsabbau, unge-
euerlichen Blutterror gegen die Arbeiterklasse und gesteigerte Rüs-
ung und chauvinistische Vorbereitung des imperialistischen Krieges.

Februar 1933: Noch erscheint »Der Rote Sender« – einen Monat später sitzt der Redakteur im KZ.

Hitler – Papen – Hugenberg

die Retter der Milliarden für die Großindustriellen und Krautjunker

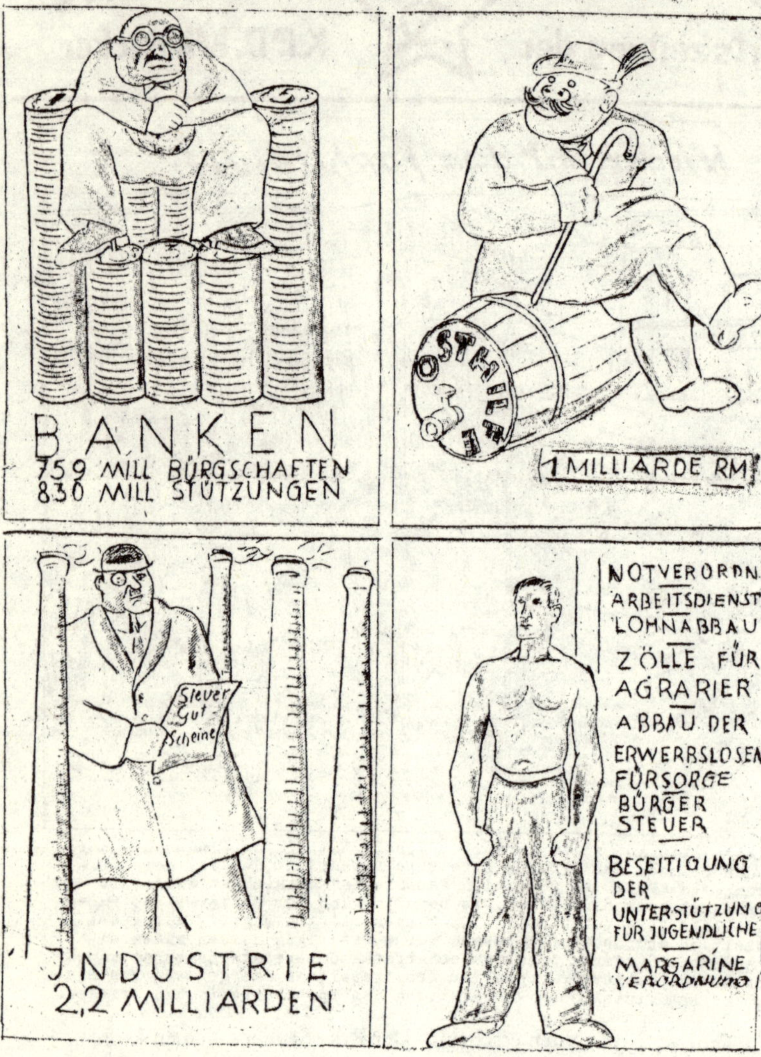

5. Noch einmal Wahlkampf

Für den 5. März 1933 waren Neuwahlen zum Reichstag ausgeschrieben worden, um dem »Kabinett der nationalen Konzentration« unter Führung Hitlers eine parlamentarische Mehrheit zu sichern. Noch einmal versuchte die Ortsgruppe der Sozialdemokratischen Partei, in diesem Wahlkampf den Aufstieg der Nationalsozialisten einzudämmen. Im Stadtarchiv befindet sich heute noch ein Flugblatt, das vier Wochen nach der Ernennung Hitlers zum Reichskanzler verteilt wurde. Es beginnt mit dem ironischen Titel »Deutschland erwacht«.

Aus Angst knebelt man die Presse und zerstört das Versammlungsrecht. Über 40 sozialdemokratische Zeitungen sind bereits verboten. Pressefreiheit und Meinungsfreiheit existieren nicht mehr. Die Nationalsozialisten und Deutschnationalen, die selbst mit unglaublicher Frechheit die sinnlosesten und gehässigsten Beschimpfungen gegen frühere Regierungen ausstießen, schreien jetzt Zeter und Mordio bei der leisesten Kritik. Adolf Hitler, Frick, Göring, Hugenberg und Papen, sie alle reden, aber sie reden allein, und wehe dem, der eine Antwort auf die gröbsten Beschimpfungen wagt. Der Rundfunk ist ein reaktionäres Parteiinstrument. Wie Minister Göring den leitenden Männern der preußischen Verwaltung erklärte, soll in Zukunft jede Kritik an den Maßnahmen der Regierung verboten werden! Hitler-Hugenbergs schrankenloser Kapitalismus verschärft die Krise!

Von Sozialismus und sozialer Hilfe redet kein Mensch mehr. Aber stolz erklärt Herr von Papen im Berliner Sportpalast »Jetzt müssen zuerst die Besitzverhältnisse neu befestigt werden.« In dem deutschnationalen Bettelbrief für die Wahlfonds heißt es, daß Hugenberg dafür garantiere, »daß nunmehr die privatwirtschaftlichen Grundlagen von neuem befestigt und sozialistische Tendenzen aus der Führung der Wirtschaft ferngehalten werden.« Aber von Blut und Terror wird das Volk nicht satt. Die Rettung des Kapitalismus durch Hitler und Hugenberg ist der Ruin des Deutschen Volkes! Heute beherrscht der Geldsack den Staat wie nie zuvor. Wir brauchen den sozialistischen Aufbau der Wirtschaft. Der Großgrundbesitz im Osten muß aufgeteilt und besiedelt werden. Die Großbanken, die Schwerindustrie, die Kartelle und Trusts, die privaten Monopole müssen sozialisiert werden. Aber Hitler ist nicht Kanzler, um den Sozialismus zu bringen, sondern um ihn zu verhindern.

Noch aber war in der Öffentlichkeit unklar, welches Gesicht das neue Reich unter der Führung der Nationalsozialisten haben würde. In den Kreisen der Deutschnationalen, des Stahlhelms und auch der Nationalsozialistischen Partei selbst diskutierte man sogar über eine mögliche Wiederherstellung der Monarchie. Das unter dem Titel »Deutschland erwacht« unmittelbar vor der Reichstagswahl verteilte Flugblatt der Sozialdemokraten endet deshalb mit folgenden Passagen:

Nicht Kapitalismus, nicht Hitler und nicht die Ho-

henzollern werden Deutschland retten! Am Ende dieses Weges stehen Krieg und Bürgerkrieg! Frauen, denkt an eure Kinder, an eure Gatten und Brüder! Wenn die Gegenrevolution erst lange zeigen darf, was sie kann, dann ist Deutschland endgültig verloren!
Aber die »süddeutsche Kanaille«, von der Goebbels sprach, die Württemberger, denen ein Dr. Frick jetzt mit dem Reichskommissar droht, sind auf dem Posten!

Den Wahlslogan der Sozialdemokraten, die 14 Jahre lang die Hauptstütze der ersten deutschen Republik waren, bildeten zwei Begriffe, mit denen das Flugblatt schließt:

Freiheit und Sozialismus – Wählt Sozialdemokraten, Liste 2.

Die SPD, der Allgemeine Deutsche Gewerkschaftsbund, das »Reichsbanner« und die hinter der Sozialdemokratie stehenden Arbeitersport- und Gesangsvereine hatten sich auf Reichsebene in der »Eisernen Front« zusammengeschlossen. In Mühlacker war der Vorsitzende der »Eisernen Front« zugleich Vorsitzender des Ortsvereins der SPD. Ein anderer Aktivist der »Eisernen Front« war der Sekretär des Allgemeinen Deutschen Gewerkschaftsbundes, der in Mühlacker ein kleines Büro hatte. Unterstützt wurde die Arbeit der »Eisernen Front« auch von der Ortsgruppe des Reichsverbandes der Kriegsinvaliden. Am Tage vor der Reichstagswahl, am 4. März, wurde von der »Eisernen

Front« in Mühlacker ein an die Adresse der KPD gerichtetes Flugblatt verteilt:

Wir wollen die Einheit! Jetzt herrscht in Deutschland die Gegenrevolution. Die Nationalsozialisten haben ihren Sozialismus und ihre vielgepriesene deutsche Revolution an den Geldsack verraten. Jetzt glauben Reaktionäre und Kapitalisten, den Arbeitern ihre letzten Rechte und sozialen Errungenschaften rauben zu können . . . Hitler holt zum großen Schlag aus. Unter seinem drohend erhobenen Arm sind Hugenberg und die anderen Beauftragten des Großkapitals geschäftig tätig, um die Ernte für das Kapital in die Scheuern zu bringen und die großen Massen zu Gunsten einer dünnen Oberschicht noch weiter auszupressen und zu entrechten . . . Die Größe der Gefahr hat eine tiefe Sehnsucht nach einheitlicher Abwehr in jedem ehrlichen Proletarierherzen entstehen lassen. Immer übermächtiger wird der Wunsch, ein Ende zu machen mit dem Bruderkampf. Alle Kräfte gegen den Faschismus. . . . Die Sozialdemokratie, die gesamte »Eiserne Front«, ja alle sind bereit, im Kampf gegen die Reaktion die Einheit herzustellen. Wir bieten allen ehrlichen Kämpfern die Bruderhand. Für uns gibt es nur eine große Losung: Klassenkampf, nicht Bruderkampf!
Für Freiheit und Sozialismus!

Die Ortszeitung der KPD dagegen griff im Zeichen der bevorstehenden Reichstagswahl nicht nur die Hitlerregierung, sondern gleichzeitig auch die Politik der so-

Wir wollen die Einheit!

Ein offenes Wort an das württembergische Arbeitsvolk

Jetzt herrscht in Deutschland die Gegenrevolution. Die Nationalsozialisten haben ihren „Sozialismus“ und ihre vielgepriesene „deutsche Revolution“ an den Geldsack verraten. Jetzt glauben Reaktionäre und Kapitalisten den Arbeitern ihre letzten Rechte und sozialen Errungenschaften **rauben zu können.** Nichts hört man mehr vom Aufbau der deutschen Wirtschaft. Hitler redet von einem **Vierjahresplan — den er nicht hat.** Hilflos stehen die Nazi vor den großen Krisenproblemen des zerfallenden **Kapitalismus. Hitler holt zum großen Schlage aus!** Unter seinem drohend gegen die Arbeiterschaft erhobenen Arm sind Hugenberg und die anderen Beauftragten des Großkapitalismus geschäftig tätig, um die Ernte für das Kapital in die Scheuern zu bringen und die großen Massen zugunsten einer dünnen Oberschicht noch weiter auszupressen und zu entrechten. Je weniger aber von Aufbau die Rede ist, desto mehr wird von **Vernichtung** gesprochen.

„In zehn Jahren wird es in Deutschland keinen Marxismus mehr geben“

sagt Adolf Hitler und immer wieder droht und schäumt er gegen die Arbeiterklasse und lenkt damit die braunen Massen von seinem Versagen, ihrem Hunger und ihren Nöten ab. Die Größe der Gefahr hat eine tiefe

Sehnsucht nach einheitlicher Abwehr

in jedem ehrlichen Proletarierherzen entstehen lassen. Immer übermächtiger wird der Wunsch, ein Ende zu machen mit dem Bruderkampf. Immer tiefer dringt die Erkenntnis ein, daß es ein Wahnsinn ist, wenn sich die Arbeiterschaft in gegenseitigen Kämpfen zermürbt und ihre Kräfte verzettelt. Die Männer und Frauen aus dem Betrieb und von der Stempelstelle wissen, daß die **Zerrissenheit ihre Schwäche ist und durch Einheit neue Stärke** erwachsen muß. In allen lebt der Gedanke:

Alle Kräfte gegen den Faschismus!

Jetzt muß viel zurückgestellt werden an Eigensucht, bloßer Parteitaktik und Rechthaberei. Jetzt darf nicht diskutiert werden über alte Streitfragen, wenn der Feind zum Sturm antritt. Wir brauchen eine echte und **ehrliche Uebereinkunft**, mag sie nun in Paragraphen formuliert sein, oder mag sie in der stillschweigenden Verständigung darüber bestehen, daß bis auf weiteres alle gehässigen, zersetzenden und organisationsschädigenden Kämpfe eingestellt werden.
Der große Idealstaat aller Kommunisten, die russischen Sowjets, haben **Nichtangriffspakte mit hochkapitalistischen Ländern** wie Frankreich und dem halbfaschistischen Polen abgeschlossen. Diese Nichtangriffspakte gehen nicht nur auf militärische Dinge. In dem Nichtangriffspakt mit Frankreich verpflichtet sich Rußland feierlich, sich jeder Agitation gegen die **sozialen und politischen Einrichtungen der** rein bürgerlichen französischen Republik zu enthalten! Wir meinen, daß eine Verpflichtung, **die den** Sowjets gegenüber der hochmütigen kapitalistischen **Bourgeoisie** des europäischen **Westens recht ist,** dem deutschen **Arbeiter im Kampfe gegen den Faschismus** billig sein sollte. Darum:

Her mit dem proletarischen Nichtangriffspakt!

Er ist der erste mögliche und notwendige Schritt auf dem Weg zur kämpferischen Einheit des Proletariats! Welche Verkennung ist es doch, wenn die KPD. einen solchen Nichtangriffspakt ablehnt und wenn die „Südd. Arbeiterzeitung“ in Stuttgart meint, die sozialdemokratischen Führer würden den Nichtangriffspakt wünschen, weil sie „Furcht hätten, ihre Politik der letzten vierzehn Jahre zu verantworten“. Das Gegenteil ist richtig! Die Sozialdemokratie bekennt sich mit allem Nachdruck zu ihrer Politik! Schließlich hat doch **sie allein** den Arbeitern die **politischen Freiheiten** gebracht, hat allein den arbeitenden Menschen die Löhne und die **sozialen Einrichtungen** geschaffen, hat allein die Opfer der Wirtschaftskrise am Leben erhalten, hat allein dem deutschen **Arbeiter Lebensraum und Lebensrecht erkämpft.** Trotz allen Hohns und Spottes über diesen „Verrat“ der SPD. und des ADGB. erkennen ja die Kommunisten die Richtigkeit und den Wert dieser Politik an, wenn sie **selbst zur Verteidigung derselben Rechte und Errungenschaften aufrufen.**
Die Sozialdemokratie scheut die Diskussion über das Gewesene nicht. Aber wir meinen, daß es **jetzt etwas Wichtigeres** gibt, als innerhalb der Arbeiterklasse zu diskutieren und dadurch den Kampfwillen und die Kampfkraft zu schwächen und abzulenken. Und wenn immer und immer wieder von Mißtrauen gegen die Führer der Sozialdemokratie und die Gewerkschaften gesprochen wird, ja wißt ihr Arbeiter denn nicht, daß das Mißtrauen der sozialdemokratischen Arbeiter gegen die kommunistische Führung noch größer ist?
Mit solchen Auseinandersetzungen kommt man nicht weiter. Jetzt kann es auf alle diese Dinge nicht ankommen. Jetzt gilt es, jeden Mann und jeden Groschen, jedes Wort und **jeden Buchstaben, jede Minute und jede Kraft einzusetzen gegen den gemeinsamen Klassenfeind.**

Die letzten in Mühlacker verteilten sozialdemokratischen Flugblätter, gedruckt von der »Schwäbischen Tagwacht« – zu ihren Redakteuren gehörte Kurt Schuhmacher.

Jetzt gilt es Freiheit und Sozialismus mehr zu lieben, als die SPD. zu hassen!

Es darf nicht sein, daß die „SAZ." höhnisch von „Einheitsdusel" spricht, daß sie erklärt: „SPD. und KPD. — zwei feindliche Welten!", daß sie auftrumpft, jetzt müßten die Arbeiter entscheiden, ob s der KPD. oder der SPD. folgen wollten.

So schlägt man nicht die Gegenrevolution. So nützt man nur der Gegenrevolution! Jetzt gilt es, ehrlich zu einander zu sein. Es hat doch keinen Zweck, wenn die KPD. sich an die Mitglieder und Anhänger der großen Organisationen der Eisernen Front wendet und die **Zentrale** ignoriert. Man kann doch nicht örtliche Abmachungen treffen und dabei der Führung der Gesamtbewegung ein Bein stellen wollen. Es ist doch sinnlos, wenn z. B. in Stuttgart die KPD. zu irgendwelchen **„Aktionen" im Zeichen der Einheit** aufruft und — ganz allein und **nur allein und selbständig** diese Aktionen bestimmt und die anderen Organisationen vor die Frage stellt, entweder sklavisch gehorsam der KPD. zu folgen oder sich als „Verräter entlarvt" zu sehen. Damit erreicht man keine Abwehrfront, sondern nur ein großes Durcheinander. **Nur zentrale Abmachungen** ermöglichen positive Gemeinsamkeit des Handelns!

Die Gefahr ist zu groß, als daß sie bloß als Chance für die KPD. mißbraucht werden könnte.

Man braucht wirkliche Einheit und keine Einheitsfrontmanöver, die nicht der Einheit, sondern der Entzweiung dienen, die eine getarnte Kampfparole gegen Sozialdemokratie und Gewerkschaften sind.

Die Kommunisten tun auch heute noch so, als ob der Faschismus nicht an der Macht wäre und der „Hauptfeind die Sozialdemokratie" sei, wie einst im Mai. Sie verlangen die alleinige Herrschaft und den alleinigen Oberbefehl, und ihre Parolen sind nicht für den Kampf gegen den Faschismus, sondern für „Entlarvung" bestimmt.

Und doch haben die Kommunisten **gar nicht die Kraft und die Möglichkeit, allein zu führen** und die Gegenrevolution siegreich abzuwehren. Die **Führung der Dritten Internationale** kennt die Schwäche der deutschen Kommunistischen Partei sehr gut. Auf dem XII. Ekkiplenum im Herbst 1932 hat der politische Sekretär der Dritten Internationale, **Kunsinen,** erklärt, daß es der **KPD. nicht einmal** gelungen sei, die deutsche Arbeiterklasse revolutionär vorzubereiten und daß sie darum nicht imstande sei, größere revolutionäre Aufgaben durchzuführen. Tatsächlich ist auch die KPD. **organisatorisch viel zu schwach.** Sie ist eine große Partei nur bei Wahlen, wo Millionen glauben, durch die Stimmabgabe für sie am lautesten und nachdrücklichsten gegen das soziale Elend zu protestieren. Aber kommunistische **Protestwähler sind keine Kämpfer** für kommunistische Ziele. Mit höchstens 300 000 Mitgliedern in Deutschland, von denen die Hälfte jährlich wechselt, kann man nicht die riesigen Kräfte der deutschen Gegenrevolution schlagen.

Umgekehrt hat **Pjadnitzki,** der Organisationssekretär der Dritten Internationale, es offen ausgesprochen: **„Die deutsche Sozialdemokratie ist die stärkste und manövrierfähigste sozialistische Partei der Welt!"**

Aus Verantwortung gegenüber der Klasse und dem heißen Wunsch, vorwärts zu kommen auf dem Weg der Einheit, erklären wir angesichts der bloßen Einheitsmanöver, daß die Eiserne Front bis heute das einzige intakte Instrument der Arbeiterklasse ist und daß sich der tödlich an seiner Klasse versündigt, der sie aufzulockern und zu zerstören versucht.

Die Sozialdemokratie und die Gewerkschaften, die gesamte Eiserne Front, ja alle **sind bereit,** im Kampfe gegen die Reaktion die Einheit herzustellen. Wir bieten allen ehrlichen Kämpfern die Bruderhand ohne Eigensucht und ohne Hintergedanken. Für uns gibt es nur die eine große Losung:

Klassenkampf, nicht Bruderkampf!

Der Nichtangriffspakt sei der Anfang dazu!

Ueber alles die proletarische Ehrlichkeit!

Für Freiheit und Sozialismus!

Verantwortlich: Otto Steinmayer, Stuttgart – Druck: Schwäbische Tagwacht, Stuttgart

Deutschland erwacht!

„Wir wollen nicht lügen, wir wollen nicht schwindeln!"

hat Adolf Hitler zu Beginn seiner Regierung erklärt. Aber schon dieses erste Versprechen der neuen Regierung ist von den hinter ihr stehenden Parteien nicht gehalten worden. Die Nationalsozialisten können dieses Wort ihres Führers nicht einlösen, weil sie die Lüge nicht aufgeben können, ohne sich selbst aufzugeben. Wenn Nationalsozialisten nicht lügen, sind sie keine Nationalsozialisten mehr, dann ist ihr Nimbus beim Teufel und ihre Anziehungskraft verloren.

Nationalsozialismus ist Lüge

Das ganze System des Nationalsozialismus ist auf schwindelhafte Versprechungen aufgebaut, ist politischer Kreditschwindel schlimmster Art. Wem die Waffen der Sachlichkeit und der Ueberzeugung nicht zu Gebote stehen, der muß sich der Lüge, der Verleumdung, der Ehrabschneiderei bedienen.

„Die Millionendiebe Braun und Severing"

kreischt auf Kommando des Braunen Hauses die nationalsozialistische Presse. Sie wagt es, Männer mit ihrem braunen Schmutz zu bewerfen, die turmhoch über jedem Nationalsozialisten stehen. Wider besseres Wissen wird behauptet, Braun und Severing hätten aus Staatsmitteln zwei Millionen „gestohlen", um die Nazi zu bekämpfen. Das soll der große Wahlschlager sein. Aber nicht, weil sie korrumpiert sind, sondern weil sie gegen die Korruption kämpfen, weil sie gegen den **Milliardendiebstahl der Osthilfe** aufgetreten sind, werden sie jetzt so niedrig verleumdet. So wenig Respekt wie die Nationalsozialisten gegenüber d Ehre ihrer politischen Gegner zeigen, haben nur Leute, die **selbst keine Ehre** besitzen.

In Preußen haben die Gerichte den Nationalsozialisten durch einstweilige Verfügung verboten bei einer Geldstrafe in unbeschränkter Höhe oder Haftstrafe bis zu 6 Monaten, die Behauptung aufzustellen, daß Braun und Severing 2 Millionen Mark aus dem Staatssäckel gestohlen hätten, daß sie Landesverräter und rote Parasiten seien.

Aus Angst knebelt man die Presse und zerstört das Versammlungsrecht

Ueber 40 sozialdemokratische Zeitungen sind bereits verboten. Pressefreiheit und Meinungsfreiheit existieren nicht mehr. Die Nationalsozialisten und die Deutschnationalen, die selbst mit unglaublichster Frechheit die sinnlosesten und gehässigsten Beschimpfungen gegen frühere Regierungen ausstießen, schreien jetzt Zeter und Mordio bei der leisesten Kritik. Adolf Hitler, Frick, Göring, Hugenberg und Papen, sie alle reden, aber sie reden **allein**, und wehe dem, der eine Antwort auf die gröbsten Beschimpfungen wagt. Der **Rundfunk** ist ein reaktionäres Parteiinstrument. Wie Minister Göring den leitenden Männern der preußischen Verwaltung erklärte, soll **in Zukunft jede Kritik an den Maßnahmen der Regierung verboten** werden! Mit diesen Methoden arbeitet nur, wer da weiß, daß seine Leistungen **unter aller Kritik** sind.

Wieviel Millionen kostet dem deutschen Volke der Mißbrauch des Rundfunks? Wieviel Millionen kostet der öffentliche Anschlag der inhaltslosen Regierungserklärung? Wieviel Millionen beansprucht die parteiische Handhabung des Staatsapparates?

Der Vierjahresplan ist Bluff!

Die Welt wartet auf das nationalsozialistische Rettungsprogramm. Aber davon ist weit und breit nichts zu sehen. Hitler vertröstet uns, wir sollen noch vier Jahre warten. **Aber das Volk kann nicht mehr warten!** Mit dem Plan ist es wie mit allen nationalsozialistischen Errungenschaften, es ist fremdes, künstlich aufgepfropftes Gut ohne Inhalt. Der Gruß ist römisch, die Uniform ist tschechisch, der Vierjahresplan ist russisch. Die Nationalsozialisten wissen keinen Ausweg und keine Lösung. Sie haben sich dem Kapitalismus unterworfen. Jetzt sind Hugenberg und Papen Trumpf und Hitler darf nur reden. Der Kapitalismus triumphiert auf der ganzen Linie. **Die Nationalsozialistische Arbeiterpartei ist heute nur noch eine Nationalkapitalistische Unternehmerpartei.** Aengstlich klammert sie sich an die Rockschöße des Kapitalismus und hat auf jede Selbstständigkeit verzichtet. **Finanz-, Wirtschafts-, Arbeitsministerium** begehren die Nazi nicht. Da dürfen die Großkapitalisten ungestört schalten und walten.

Anstatt zu sagen, worin ihr Sofortprogramm besteht, mit welchen Mitteln sie das Volk aus Krisennot und Elend erlösen wollen, flüchten sich die Nationalsozialisten in die Vergangenheit und Hitler droht dem Marxismus mit Vernichtung. Das Volk will aber nicht wissen, wen Herr Hitler haßt und wie er über die Vergangenheit denkt, sondern mit welchen Mitteln er praktische Hilfe bringt. Die Methode des Vierjahresplans ist die faule Ausflucht aller Diktatoren, die zuviel versprochen haben und jetzt hilflos und ohnmächtig vor den wirtschaftlichen und sozialen Problemen stehen.

Statt Arbeit und Brot gibt es nur Haßgeschrei.

Man kennt diese Töne aus dem Munde Wilhelms des Zweiten, dieser lächerlichsten Figur der deutschen Geschichte. Auch er hat einmal erklärt: „Ich werde diese Opposition zerschmettern!" Auch er hat einmal geschrieen: „Für mich ist jeder Sozialdemokrat gleichbedeutend mit Reichs- und Vaterlandsfeind." Auch er hat eimal prahlerisch geprotzt: „Die Sozialdemokraten überlassen Sie nur mir, mit denen werde ich schon alleine fertig werden." Und was ist daraus geworden? Wilhelm der Zweite hat Deutschland ins Unglück gestürzt und die „vaterlandslosen Gesellen" haben Deutschland gerettet, aus dem der Kaiser feige geflohen ist, weil er sich vor der „Liebe" seiner Untertanen nicht zu schützen wußte.

Die Sozialdemokraten werden noch stark und groß sein, wenn der Nationalsozialismus und die ganzen Ueberbleibsel der wilhelminischen Epoche in der Erinnerung des Volkes nur noch als ein böser Albtraum weiterleben.

Was soll diese unwahre Behauptung, das Kabinett Hitler habe am 30. Januar 1933 „ein **Trümmerfeld** übernommen, schlimmer als die deutsche Republik es 1918 vorgefunden habe." 1918, da waren 160 000 000 000 Mark Volksvermögen in die Luft gepulvert worden, da waren Jammer und Elend riesengroß, da mußten acht Millionen Menschen aus dem Krieg in die Wirtschaft überführt werden, da war das Volk am Verhungern, da waren die Grundlagen der Wirtschaft nach innen und außen zerstört. 1933 aber ist **die Wirtschaft intakt**, ist ihre Produktionsfähigkeit auf einer nie gekannten Höhe, braucht des Reiches neuer Kanzler **nicht einmal neue Steuern** auszuschreiben. Wenn heute noch das Elend groß ist, dann ist das ein **Ergebnis des kapitalistischen Systems** und der Unbelehrbarkeit seiner Träger, desselben kapitalistischen Systems, von dem der Nationalsozialismus auf die Beine gestellt und ausgehalten ist, zu dessen Rettung man Adolf Hitler zum Kanzler des Deutschen Reiches gemacht hat.

Nationalsozialismus ist Verrat am arbeitenden Volke!

Unter der Regierung Hitlers werden die Arbeiter unterdrückt, unter der Regierung Hitler **schließt man die Arbeiter vom Staate und der Nation** aus. Unter der Regierung Hitlers genießt die **Industrie ungestört ihre 3 Milliarden Subventionen**, erfreuen sich die ostelbischen Barone einer **Osthilfe von mehr als 1 Milliarde Mark**, gibt es **Vollstreckungsschutz** für die Großagrarier, wird die **Lebenshaltung durch Zölle und Preissteigerung** unerträglich verteuert, **stockt das ganze Wirtschaftsleben.**

Ein neuer wirtschaftl. Niedergang

ist seit dem 30. Januar eingetreten. Nicht besser, sondern **unendlich viel schlechter ist es geworden!** Die **Arbeitslosigkeit** steigt, trotzdem sie saisonmäßig sinken müßte. Eine Flut von **Bankrotten** ruiniert den Mittelstand. Den **Bauern**, den **Handwerkern**, den **Hausbesitzern** und den **Kaufleuten** kann nicht geholfen werden, denn die neue Wirtschaftspolitik ruiniert die

Kaufkraft des städtischen Arbeitnehmers. Was helfen alle Zölle, wenn die Verbraucher die Preise nicht bezahlen können. **Arbeiternot ist Bauerntod und Mittelstandsruin.** Die **Handelsvertragsverhandlungen** mit Schweden, Holland, Frankreich sind zerschlagen. Die Ausfuhr bricht zusammen. Abschlüsse werden überhaupt nicht mehr getätigt. Der Auftragsmangel aus Angst vor dem Bürgerkrieg zwingt die Werke zu weiteren Betriebseinschränkungen und -stillegungen. Das Vertrauen ist völlig zerstört. Sogar die Blätter der Schwerindustrie, die Hitler zum Kanzlerposten verholfen hat, jammern und klagen.

Hitler-Hugenbergs schrankenloser Kapitalismus verschärft die Krise!

Von Sozialismus und sozialer Hilfe redet kein Mensch mehr. Aber stolz erklärt Herr **von Papen** im Berliner Sportpalast:

„Jetzt müssen zuerst die Besitzverhältnisse neu befestigt werden."

In dem deutschnationalen Bettelbrief für den Wahlfonds heißt es, daß Hugenberg dafür garantiere,

„daß nunmehr die privatwirtschaftlichen Grundlagen von neuem befestigt und sozialistische Tendenzen aus der Führung der Wirtschaft ferngehalten werden."

Einst aber lebten die Nationalsozialisten mit den Deutschnationalen, mit dem Herrenklub und dem Großkapital in bitterer Feindschaft. Am 13. Oktober 1932 schrieb die **Bremer** nationalsozialistische Zeitung:

„Dem Kapitalismus alles! Dem Arbeiter nichts! Schluß jetzt mit diesen barbarischen Ausbeulungsmethoden, mit dieser Erniedrigung der Arbeiterschaft zum Vieh! Tretet ein in die wahrhaft sozialistische, deutsche Freiheitsfront Adolf Hitlers, der den Schacher der Industrie- und Adelsbarone um Ministersessel weit von sich gewiesen hat, der lediglich seines Bekenntnisses zum Sozialismus halber vom Reichspräsidenten nicht mit der Führung der Regierungsgeschäfte beauftragt wurde."

Jetzt ist Adolf Hitler mit der „Führung" beauftragt, sitzt mit fünf Baronen und zwei Schwerindustriellen im Kabinett, aber nicht wegen seines Bekenntnisses zum Sozialismus, sondern wegen seiner **Unterwerfung unter den Kapitalismus.** Derselbe Hitler, der noch am 7. November feierlich gegenüber Papen, Hugenberg erklärt hat:

„Rücksichtslose Fortsetzung des Kampfes bis zur Niederringung. Keinerlei Kompromisse und kein Gedanke an irgendeine Verständigung mit diesen Elementen."

Kein Versprechen gehalten!

Früher hat man die Aufhebung der **Papenschen Notverordnungen** versprochen, **jetzt** denkt man nicht daran.

Früher sollten vierundzwanzig Stunden nach der **Machtüberahme Millionen von Schaufeln** und Spaten die **Arbeitslosigkeit überwinden, jetzt** sind die Versprechen vergessen.

Früher erklärten sie, die **Zinsknechtschaft brechen zu wollen, jetzt** lehnt die Regierung jede Zinssenkung ab.

Früher haben sie die Sozialisierung der **Banken** versprochen, **jetzt** sind sie gegen die Verstaatlichung der **Banken.**

Früher hieß es, der Nationalsozialismus wird von der **Goldwährung abgehen, jetzt** erklären sie, man könne keine **Währungsexperimente** machen.

Früher spielten sie sich als Todfeinde der **Börse** auf, **jetzt** verbieten sie Zeitungen, **weil deren** Meldungen auf die Börse einen ungünstigen Einfluß haben könnten.

Früher wollten sie die **Kapitalverschiebung** mit dem Tode bestrafen, **jetzt ist das vorbei.**

Früher erklärten sie, **Aufsichtsratstantiemen** würden nicht mehr bezahlt werden, **jetzt** tun sie keinen Schnaufer in dieser Frage.

Früher wollten sie angeblich ein Höchstgehalt von 12 000 Mark jährlich für die öffentlichen Beamten festlegen, **jetzt** rührt sich kein nationalsozialistischer Minister.

Früher wollten sie die **Rie eneinkommen** senken, **jetzt** wagen sie gegen ihre Geldgeber, denen sie ihre Positionen im Staate verdanken, nicht aufzumucken.

Jetzt sucht man das Volk mit magerem Wahlspeck zu ködern, wirft den Kriegsbeschädigten ein paar Bettelpfennige hin, macht ein paar soziale Gesten, die so gut wie nichts kosten und — die der Regierung noch zu teuer sind. Nach den Wahlen wird auch diese Maske fallen.

Postenjägerei und Mätzchen dienen als Ablenkung

Was hat der kleine **Mittelstand**, was haben die **Bauern**, was haben die **SA.-Männer** davon, wenn jetzt alle möglichen Leute ohne Rücksicht auf ihre mangelnden Fähigkeiten zu den höchsten Stellungen im Staate emporsteigen. Dutzendweise und **ohne Rücksicht auf die Beamtenrechte** werden die verfassungstreuen Beamten davongejagt. An ihre Stelle treten alle möglichen abgetakelten Offiziere, Grafen, Barone, Adlige und Unternehmersyndici.

Was soll denn der **Verzicht Adolf Hitlers auf sein Reichskanzlergehalt**, wenn dieser Mann jährlich aus Verlagseinnahmen als Schriftsteller Hunderttausende von Mark bezieht. Was soll denn der Verzicht auf ein **Gehalt**, wenn dem Reichskanzler außerdem noch jährlich nach dem Reichsetat an **Dienstaufwandentschädigung** 18 000 Mark, an **Repräsentationsgeldern** 21 000 Mark und für **besondere Zwecke** gar 150 000 Mark zur Verfügung stehen. Warum verzichtet denn der Herr Göring, der auch Reichstagspräsident ist, nicht auf seine verschiedenen Einkommen? Warum begnügen sich die anderen Minister nicht mit 12 000 Mark jährlich.

Von Blut und Terror wird das Volk nicht satt! Die Rettung des Kapitalismus durch Hitler und Hugenberg ist der Ruin des deutschen Volkes! Heute beherrscht der Geldsack den Staat wie nie zuvor. Wir brauchen den sozialistischen Aufbau der Wirtschaft. Der Großgrundbesitz im Osten muß aufgeteilt und besiedelt werden. Die Großbanken, die Schwerindustrie, die Kartelle und Trusts, die privaten Monopole müssen sozialisiert werden. Aber Hitler ist nicht Kanzler um den Sozialismus zu bringen, sondern um ihn zu verhindern.

Das Volk beginnt jetzt zu begreifen, daß die Nationalsozialisten auf demagogischen und verräterischen Umwegen dasselbe wollen, was die Deutschnationalen und die anderen kapitalistischen Parteien offen erreichen möchten: **die Rettung des bankrotten kapitalistischen Systems.** Darüber helfen keine nationalen Phrasen, darüber hilft kein Haßgeschrei gegen den Marxismus, darüber helfen keine außenpolitischen Redereien im Stile Wilhelms des Zweiten hinweg, noch die Drohungen mit dem **Verfassungsbruch** nach dem Muster Mussolinis, die man jetzt vorbereitet. Der **Hohenzollernkronprinz** freut sich schon auf die fette Beute, wenn sie auch die **Zerreißung Deutschlands** bedeutet.

Nicht Kapitalismus, nicht Hitler und nicht die Hohenzollern werden Deutschland retten!

Am Ende dieses Weges stehen Krieg und Bürgerkrieg!

Frauen, denkt an eure Kinder, an eure Gatten u. Brüder!

Wenn die Gegenrevolution erst lange zeigen darf, was sie kann, dann ist Deutschland endgültig verloren!

Aber die „süddeutsche Kanaille", von der Goebbels sprach, die Württemberger, denen ein Dr. Frick jetzt mit dem Reichskommissar droht, sind auf dem Posten! Für uns gibt das nur ein Deutschland, das Deutschland mit

Freiheit und Sozialismus!

Wählt Sozialdemokraten Liste 2

Verantwortlich: Otto Steinmayer Stuttgart — Druck: Schwäbische Tagwacht, Stuttgart, Friedrichstraße 13 zialdemokratischen Organisationen an. In einem Wahlappell versuchte sie, die Parteigänger der SPD für sich zu gewinnen:

Sozialdemokratische Klassengenossen und Wähler!!!
Die Politik und »Strategie« der sozialdemokratischen Führer hat uns den Faschismus gebracht. Sozialdemokratische Arbeiterlokale werden zertrümmert, sozialdemokratische Zeitungen in Massen verboten, Reichsbannerarbeiter niedergemacht, sozialdemokratische Versammlungen gesprengt usw.
Was tun eure Führer? Organisieren sie den Abwehrkampf gegen die braune Mordpest? Nein, sie empfehlen Euch: »Geht baden, geht ins Grüne, geht spielen.« Sie machen Bittgesuche an das »Bollwerk gegen den Faschismus«, Hindenburg, der Hitler zum Reichskanzler ernannt hat, und machen darauf aufmerksam, daß solche Rundschreiben, wie sie Göring an die Regierungspräsidenten gerichtet hat, zweierlei Recht schafften. Rechtsfragen und Verfassungsfragen sind Machtfragen, und die Nazis wären Esel, wenn sie ihre Macht nicht ausnützten.
Sozialdemokratische Klassengenossen: Es gilt nun für alle von uns, sofort den Kampf gegen die Hitler-Papen-Diktatur zu organisieren, die von uns allen ersehnte Einheitsfront auf dem Wege des gemeinsamen Kampfes herzustellen. Daß die Kommunistische Partei den richtigen Weg weist, zeigt das Beispiel in Rußland, wo der Faschismus etwas

Unbekanntes ist. *Darum her zu uns!* Gebt als Protest gegen die schandvolle Kapitulation Eurer Führer den Kommunisten Eure Stimme, der *Liste 3*.

Am 3. März 1933, zwei Tage vor der Reichstagswahl, fand in unserem Ort die letzte Versammlung der Sozialdemokraten statt. Für den musikalischen Rahmen sorgte der Volkschor »Lassallia«:

Freiheit! Kundgebung der »Eisernen Front«! Am Freitag spricht im Saal der »Kanne« Stadtrat Großhans, Stuttgart, über das Thema »Freiheit oder Sklaverei? Soll Deutschland ein Rechtsstaat bleiben?« Der 5. März, der Tag der Entscheidung über Deutschlands Schicksal, rückt heran. Was wir bisher an Kostproben der sogenannten Nationalen Front gesehen haben, berechtigt uns, das obige Thema anzuschneiden. Wer nicht will, daß das schaffende Volk in Unfreiheit und Knechtschaft versinkt, den laden die der »Eisernen Front« angeschlossenen Vereinigungen zu dieser Kundgebung freundlichst ein.

Wenige Tage bevor die letzte Versammlung der SPD stattfand, war in einem sozialdemokratischen Flugblatt folgendes zu lesen:

Die Sozialdemokraten werden noch stark und groß sein, wenn der Nationalsozialismus und die ganzen Überbleibsel der wilhelminischen Epoche in der Erinnerung des Volkes nur noch als ein böser Alptraum weiterleben.

Vor der Wahl häuften sich Demonstrationen und Kundgebungen der SA, des Stahlhelm, der NSDAP und der Deutschnationalen in Mühlacker. Unbedeutende Splittergruppierungen kamen kaum mehr zu Wort. Das katholische Zentrum verfügte in der evangelischen Kleinstadt über keine Organisation. Die Liberalen, politisch geschwächt durch die Spaltung in zwei Parteien, Staatspartei und DVP, verloren einen Großteil ihrer Sympathisanten an den hinter der Regierung Hitler stehenden Block. In der »Kampffront Schwarz-Weiß-Rot« waren der Württembergische Weingärtner- und Bauernbund, der Stahlhelm und die Deutschnationale Volkspartei vertreten. In einem Schreiben an den Bürgermeister kündigte der Vorsitzende der Deutschnationalen Volkspartei eine Wahlkampfveranstaltung der »Kampffront Schwarz-Weiß-Rot« für den 23. Februar an:

Redner ist Herr Dr. Hennemann, Heidelberg, Mitglied des Deutschen Reichstags. Thema: Der Vormarsch der Nation. Mit Deutschem Gruß, für die Deutschnationale Volkspartei, Kampffront Schwarz-Weiß-Rot.

Die Reichstagswahlen, die angesichts des Rundfunkmonopols der neuen Regierung und des Terrors gegen die Linksparteien schon nicht mehr »frei« genannt werden können, endeten auch in Mühlacker mit einem hohen Wahlsieg der NSDAP und der mit ihr verbündeten Deutschnationalen Volkspartei. Und auch in Mühlacker wurde der Erfolg der »nationalen Koalition« gebührend gefeiert. Die SA verbrannte die im Rathaus verwahrte schwarz-rot-goldene Fahne. Statt dessen wurden jetzt, Anfang März 1933, die Flagge Schwarz-Weiß-Rot, die Fahne des Kaiserreichs, und das Hakenkreuzbanner gehißt, um den endgültigen Machtwechsel zu symbolisieren. Wenige Tage nach der Reichstagswahl mußte die württembergische Regierung Bolz zurücktreten. Der Staatspräsident hatte sich bisher mit Erfolg geweigert, die nach dem Reichstagsbrand am 28. Februar erlassene »Notverordnung zum Schutze von Volk und Staat« auch in Württemberg zu praktizieren. Denn diese Verordnung setzte wesentliche Grundrechte wie die Meinungs-, Presse- und Versammlungsfreiheit außer Kraft. Nach dem erzwungenen Rücktritt von Bolz hatten die Nationalsozialisten nun auch Württemberg fest in ihren Händen. Nun konnte auch in der Realschule unserer Kleinstadt die endgültige »Machtergreifung« der Nationalsozialisten feierlich begangen werden. Herbert K. fiel dabei eine besondere Rolle zu:

Am 5./6. März wurde der Sieg, der Wahlsieg der nationalen Erhebung, gefeiert. Das waren nur 51 Prozent, aber das hat ja ausgereicht, um dann die anderen Parteien im Laufe des Jahres auszuschalten, was wir natürlich nicht voraussehen konnten. Und damals habe ich dann zum erstenmal bei der Schulfeier, weil ich etwas dichterisch begabt bin, ein Gedicht vorgetragen, ich weiß nur noch den ersten Vers davon, von der ersten Strophe:

Nach langem zähen Ringen
hat deutscher Geist gesiegt,

um Deutschland hochzubringen,
das schwer am Boden liegt.

Damit habe ich nicht nur die Ansicht von uns Jüngeren, sondern so ziemlich die allgemeine Ansicht der Bevölkerung wahrscheinlich zum Ausdruck gebracht.

6. Der Sender unter dem Hakenkreuz

Ein größeres Publikum hatte ein anderer Akt nationalsozialistischer Machtübernahme in Mühlacker. Mitte März wurden auf dem Gelände des Senders von einer SA-Abordnung die Hakenkreuzfahne und die alte schwarz-weiß-rote Flagge des Kaiserreichs gehißt. Der Rundfunk übertrug die Kundgebung. Zufällig war an diesem Nachmittag ein junger Realschüler auf dem Sendegelände:

Ich bin da oben am Sender spazierengegangen. Ich erinnere mich, wie da auf einmal schwarze Limousinen angefahren kamen. Das Tor wurde geöffnet, die Bevölkerung mußte außerhalb des Zaunes bleiben. Ich bin dann aber reingegangen und ging bis zu dem damaligen Gebäude des Rundfunks. Und vor diesem Gebäude war ein Mikrofon aufgebaut mit einem Sprecher des Süddeutschen Rundfunks. Mit reinmarschiert ist noch eine SA-Abordnung, und ich stand eigentlich ziemlich dicht neben dem Sprecher und hörte dann noch, wie er ins Mikrofon sagte: »Auf dieser Höhe stehen erwartungsvoll viele Tausende begeisterter Männer und Frauen« . . . Jedenfalls habe ich mich rumgedreht. Es war nach meiner Meinung so ein Häufchen von 40 Mann, die da herumgestanden sind.

Der Rundfunksprecher aber fuhr ungerührt fort:

Es steht hier die SA und der Stahlhelm. Es ist ein herrlicher Abend eines sonnigen Vorfrühlingtags, unser Blick schweift über fruchtbares schwäbisches Land, das bereitliegt, die neue Saat aufzunehmen. So wie nun der Bauer den Samen aussät, so soll auch diese Flaggenhissung im symbolischen Sinne fruchtbar wirken, in dem neu zu bauenden Reich!

Als erster Redner sprach dann der Kreisleiter der NSDAP, Studienrat D. aus Maulbronn, Lehrer in einem Internat der evangelischen Landeskirche.

Kameraden, ihr deutschen Volksgenossen draußen, die ihr uns hört. Unter den Klängen der Musik sind eben auf den Sendetürmen die Fahnen des neuen Deutschlands aufgestiegen. Sie flattern stolz im Schein der untergehenden Sonne und sie grüßen von diesem beherrschenden Punkt aus hinaus in die Lande und künden, daß das neue, das junge Deutschland nun auch Besitz ergriffen hat vom Süddeutschen Rundfunk. Damals, im Jahre 1918, da haben sie die Fahne niedergerissen, von der sie nicht wollten, daß sie siegreich heimgebracht werden sollte. Und sie haben anstelle des ruhmreichen Schwarz-Weiß-Rot, den roten Fetzen des Verrates gesetzt. Und wir geloben hier oben, auf dieser Höhe, daß diese schwarz-weiß-roten Farben nie wieder eingeholt werden sollen, nie wieder niedergerissen werden sollen, daß sie nun erst recht siegreich flattern sollen über Deutschland, wenn nicht heimgekehrt aus ruhmreichem, siegreichem Krieg, so doch wieder heimgekehrt aus dem Kampf um Deutschland in Deutschland. Und dafür ist uns das Sinnbild die neue Zusammenstellung von Schwarz, Weiß und Rot, die Zusammenstellung mit dem schwarzen Hakenkreuz auf dem weißen Feld im flammenden Rot. Nun flattre stolz, du schwarz-weiß-rote Fahne! Nun flattre stolz, du Hakenkreuz hier über dem Sender, der in Zukunft niemand dienen soll, als allein, dir, du deutsches Volk. Denn für dich kämpfen wir, und für dich wollen wir uns einsetzen, um dich einer besseren Zukunft entgegenzuführen. Und nun hebt die Fahne mit dem Hakenkreuz – die Fahne hoch!

Ihm folgte der Kreisführer des »Stahlhelm«, M., ein ehemaliges Mitglied der Deutschen Volkspartei:

Kameraden, nun ist sie wieder zu Ehren gelangt, die alte geliebte Fahne mit ihrem schwarz-weiß-roten Farbenschmuck. Nun weht das alte Banner einer besseren, reineren und ehrlicheren Zeit über uns. Vorbei ist die Lüge, die Zeit, in der ein Elender sagen konnte, er kenne kein Vaterland, das Deutschland heißt. Nun weht über uns das Zeichen, unter dem Millionen gestorben sind. Nun sind die Tage der Krankheit von internationalem Elendstrauma weggesondert. Und über uns weht im Wind, sturmgebraust das alte Zeichen des Deutschen Kaiserreichs und neben ihm die hehre Flagge des Kampfes um die nationale, neue deutsche Idee.

Anschließend sprach ein SA-Mann:

Wir denken aber auch dankbar in diesem Augenblick, wo die Hitlerfahnen und die Fahne Schwarz-Weiß-Rot über uns im Winde weht, voll festem Vertrauen an den ehrwürdigen Herrn Reichspräsidenten von Hindenburg, der die deutsche Armee unter den Fahnen Schwarz-Weiß-Rot von Sieg zu Sieg geführt hat. Wir denken an unseren geliebten Führer, Adolf Hitler, den Kanzler des Dritten Reiches, der uns braune Regimenter unter den Hakenkreuzfahnen von Kampf zu Kampf, von Sieg zu Sieg geführt hat, um die deutsche Volksgemeinschaft zu schmieden und den marxistischen Irrwahn des Klassenhasses auszubrennen. Wir denken an alle Mitkämpfer und Mitarbeiter. Und rufen allen stolz zu: Dem neuen Reich, unserem Württemberg, dem Herrn Reichspräsidenten, unserem geliebten Führer Adolf Hitler, allen nationalen Regierungen in Reich und Staaten ein dreifaches Sieg Heil! Sieg Heil! Sieg Heil!

7. Der Flaggenkampf von Enzberg

Dieser SA-Redner war gleichzeitig Ortsgruppenleiter der NSDAP in Enzberg, jenem bereits erwähnten Nachbardorf von Mühlacker. Hier kam es wenige Tage nach der Reichstagswahl vom 5. März 1933 zu einem Zwischenfall. Auf Lastwagen fuhren mit Pistolen und Schlagringen bewaffnete SA-Einheiten heran, um auf dem Rathaus die Hakenkreuzfahne zu hissen. Ein Augenzeuge war bei dem Vorfall dabei:

Als die Nazis 1933 im März die Wahl gewonnen haben, zogen ihre Kampftruppen, die SA, am Montag auf die Rathäuser und haben ihre Nazifahne aufgezogen. Dies wurde in Enzberg bekannt. Die Bürger sagten: »Das lassen wir uns nicht gefallen, die Verfassung ist noch in Kraft.« SPD, KPD und die Bürger warteten vor dem Rathaus, bis die SA erschien. Sie kamen, jedoch war das Rathaus von den Bürgern abgeriegelt. Die schwarz-rot-goldene Fahne wurde von einem Gemeinderat in den Tresor gebracht, und so wurde die Fahne in Enzberg nicht verbrannt. Die SA-Leute sangen, nachdem sie die Fahne aufgezogen haben, ihr Kampflied. Als sie abzogen und in ihre Busse stiegen, wurde von der Bevölkerung das Lied gesungen: »Brüder zur Sonne, zur Freiheit.«

Etwa dreißig Personen stürmten daraufhin das Rathaus und zerrissen die Hakenkreuzfahne. Einer der an der Aktion Beteiligten verwandte seinen Fetzen des NS-Symbols für unpolitische Zwecke:

Nachdem die Fahne runtergerissen worden ist, haben wir die Fetzen eingesteckt. Zum Teil haben wir sie verbrannt, andere haben auch noch die Fetzen im Sack behalten. Einer, der hat daraus eine Badehose gemacht. Die existiert heute noch.

Für die an diesem Fahnensturm Beteiligten und für viele andere Gegner der Nationalsozialisten begann nun eine harte Zeit.

Natürlich waren es vor allen Dingen die SPD und das Reichsbanner und die Mitglieder der KPD, die verhaftet wurden. Wenige Wochen später wurden viele Bürger, die wirklich anständige Bürger waren, bei Nacht und Nebel abtransportiert. Wir erfuhren nur am anderen Morgen, heute Nacht ist der oder jener wieder abgeholt worden. Und so war eine unheimliche Unruhe unter den Bürgern. Mir selbst war es damals jede Nacht unwohl, wenn ich Schritte hörte.

Unsere Augenzeugen waren an der Aktion von Enzberg beteiligt. Wegen Landfriedensbruchs wurden sie vor Gericht gestellt und zu mehreren Monaten Gefängnis verurteilt.

8. Verbot und Verfolgung

Nach der Reichstagswahl vom 5. März war der Druck auf die württembergische Landesregierung unter Führung des Staatspräsidenten Bolz immer stärker gewor-

den. Schließlich mußte er dem wachsenden Druck der Reichsregierung und den auf der Straße demonstrierenden SA-Verbänden weichen und zurücktreten. Mit 36 Stimmen wurde am 15. März der Nationalsozialist Wilhelm Murr zum neuen Staatspräsidenten gewählt. Die bürgerlichen Parteien, das Zentrum, die Deutsche Demokratische Partei und die Deutsche Volkspartei, gaben bei dieser Wahl im Landtag weiße Stimmzettel ab. Die kommunistischen Landtagsabgeordneten waren bereits in Haft. Der von den Sozialdemokraten nominierte Gegenkandidat Keil erhielt nur die 12 Stimmen seiner Fraktion. Daraufhin kündigte der Sprecher der Sozialdemokraten, Fritz Ulrich, an, daß die SPD gegen die neue Staatsregierung einen Oppositionskurs steuern würde. Im Anschluß an die Sitzung wurde Ulrich beim Verlassen des Landtags verhaftet. Nun war auch in Württemberg kein Zweifel mehr möglich, daß die Nationalsozialisten für geraume Zeit an der Macht bleiben würden.
Bereits eine Woche vor der Wahl von Murr zum neuen Staatspräsidenten hatte die Reichsregierung den SA-Obergruppenführer Dietrich von Jagow als Polizeikommissar von Württemberg eingesetzt. Er ergriff sofort die Initiative, um die Organisationen der Gegner zu zerschlagen. Am 13. März verbot er die »Eiserne Front«, in der die Freien Gewerkschaften und die übrigen mit der SPD verbundenen Vereine und Organisationen zusammengeschlossen waren. Dazu gehörte auch das »Reichsbanner«, der Kampfverband der Sozialdemokraten.

Der Polizeikommissar für das Land Württemberg

hat aufgrund . . . der Verordnung des Reichspräsidenten zum Schutze von Volk und Staat vom 28. Februar 1933 angeordnet am 13. 3.: Das Reichsbanner Schwarz-Rot-Gold und die Eiserne Front, sowie sämtliche Vereinigungen, die für die Belange dieser beiden Organisationen eintreten, werden mit sofortiger Wirkung aufgelöst und verboten. Das Vermögen dieser Vereine wird beschlagnahmt und ist bis zum 18. März 1933 beim zuständigen Oberamt in Stuttgart beim Polizeipräsidium abzuliefern. Das Tragen von Uniformen und Führen von Abzeichen jeder Art, die die Zugehörigkeit zu den in Nummer 1 angeführten Vereinigungen kennzeichnen, sind verboten. Sämtliche Waldheime und Sportplatzanlagen der KPD, ihrer Hilfsorganisationen, insbesondere der Roten Sporteinheit, werden mit sofortiger Wirkung geschlossen.

Einen Tag später wurden auch die übrigen kommunistischen Organisationen in Württemberg verboten:

Aufgelöst und verboten werden mit sofortiger Wirkung der Kampfbund gegen den Faschismus, sämtliche kommunistische Sportvereine, einschließlich der Arbeiter-Schützen-Vereine, sowie alle Hilfs- und Nebenorganisationen der KPD, einschließlich ihrer Jugendorganisationen.

Am 18. März wurde in Mühlacker auch der sozialdemokratische Volkschor »Lassallia« verboten, sein Vermögen beschlagnahmt. In einem Protokoll der Ortspolizei lesen wir:

Ortspolizeibehörde: Geschehen am 18. März 1933. Auf Ladung erscheinen: Wilhelm F., Mechaniker hier, als Vorstand des Volkschores »Lassallia«, Friedrich W., Hilfsarbeiter hier, als Kassierer dieses Vereins. Denselben wird eröffnet, daß der Gesangsverein Volkschor aufgrund der Anordnung des Herrn Polizeikommissars für das Land Württemberg aufgelöst und verboten ist und das gesamte Vermögen des Vereins beschlagnahmt ist. Jede Betätigung des Vereins hat zunächst zu unterbleiben. Die Vertreter des Gesangsvereins Volkschor erklären, nachdem ihnen die Auflösung des Vereins, und die Beschlagnahme seines Vermögens eröffnet war: Gegen diese Maßnahme erheben wir schärfsten Protest. Verzeichnis der beim Volkschor beschlagnahmten Gegenstände: Ein Mitgliedsbuch und Satzungen, Beitragsbuch, ein Protokollbuch, ein Kassenbuch, Eintragsmarken, ein Mitgliederverzeichnis, 49 Reichsmark. Weiter wurden beschlagnahmt und befindet sich in Gewahrsam des Bürgermeisteramts: Eine Fahne mit Fahnenkasten, ein Tafelklavier, ein Notenschrank, samt Inhalt.

Der Polizeibeamte schrieb außerdem mit Bleistift auf den Rand des Protokolls, daß der Volkschor auf der letzten Veranstaltung des Kampfverbandes der SPD, der »Eisernen Front«, am 3. März in Mühlacker aufgetreten ist. Am selben Tag wurde auch der kommunistisch orientierte Arbeiter-Radfahrerverein »Solidarität« verboten. Am nächsten Tag fiel der sozialdemokratische Arbeiter-Radfahrerverein »Frischauf« der

Verbotsmaschinerie der Nationalsozialisten zum Opfer.

Ortspolizeibehörde: Geschehen am 19. März 1933. Auf Ladung erschienen: Joachim F., Hilfsarbeiter, als Vorsitzender des Arbeiter-Radfahrervereins »Frischauf«, Franz S., Goldschmied, als Kassier dieses Vereins, Otto S., Hilfsarbeiter, als Schriftführer dieses Vereins. Denselben wird eröffnet, daß der Arbeiter-Radfahrerverein mit sofortiger Wirkung aus Gründen der Anordnung des Herrn Reichspräsidenten für das Land Württemberg vom 13. März aufgelöst und verboten ist und das gesamte Vermögen des Vereins, Geld und Mobiliarvermögen, beschlagnahmt ist. Der Verein hat sich zunächst jeder Betätigung zu enthalten. Für die Eröffnung bescheinigen: die Mitglieder des Vereins und der Bürgermeister.

Am 25. März wurde die der SPD nahestehende Ortsgruppe des Reichsbundes der Kriegsbeschädigten aufgelöst. Bereits am 18. März 1933 hatte Dietrich von Jagow, der Staatskommissar für die Polizei in Württemberg, angeordnet, den weniger als fünf regulären Ortspolizisten in unserer Kleinstadt 45 Hilfspolizisten zur Seite zu stellen. Wie andernorts übernahmen in Mühlacker hauptsächlich SA-Leute die Gendarmen-Rolle, daneben auch Mitglieder des »Stahlhelm«. Diese Hilfspolizisten wurden mit Karabinern ausgerüstet, trugen weiter die Uniformen der SA und des »Stahlhelm« mit einer Armbinde und der Aufschrift »Hilfspolizei«. Rekrutierungen aber gab es nicht nur für die Hilfspolizei: Der damals 18jährige Elektriker Fritz L. schildert, wie aus einem Lager des Freiwilligen Arbeitsdienstes SA-Männer ausgewählt wurden, um die Bewachungsmannschaft des soeben errichteten Konzentrationslagers Heuberg zu verstärken:

Bei uns sind in diesem Arbeitslager im Welzheimer Wald einige Leute ausgesucht worden, die als Vorarbeiter bei Straßenbauarbeiten eingesetzt werden sollten. Man hat dafür aber nur Leute ausgesucht, die in der SA waren. Wir wurden dann auf den Heuberg gebracht und haben eigentlich erst dort erfahren, welche Aufgabe man uns zugedacht hatte. Wir wurden dort dann in eine Uniform gesteckt die so halb SA und halb aus Polizeiuniformen bestand. Dort wurden wir etwas militärisch ausgebildet und dann zur Beaufsichtigung von Konzentrationslagerhäftlingen bei Straßenbauarbeiten eingesetzt.

Ende März 1933 wurde rund ein Dutzend Sozialdemokraten und Kommunisten, vor allem Betriebsräte und aktive Mitglieder der Arbeitervereine, von der Polizei verhaftet und in das Konzentrationslager Heuberg abtransportiert. Darunter Ernst B., von Beruf Former, Vorsitzender der Ortsgruppe der KPD und Redakteur des »Roten Senders«; Bernhard K., Sozialdemokrat, Aktivist der »Eisernen Front« und als Gewerkschaftssekretär Leiter des örtlichen Büros des Allgemeinen Deutschen Gewerkschaftsbundes; Theodor H., Uhrmachermeister und KPD-Stadtrat. Seit dieser Verhaftungsaktion rechnete auch der sozialdemokratische

Stadtrat und Gärtner Christian S., der oft eine Zielscheibe nationalsozialistischer Angriffe gewesen war, mit seiner Verhaftung. Schließlich kam eines Nachts die Polizei, um ihn mitzunehmen. Während ihr Vater im Erdgeschoß verhaftet wurde, sangen die beiden Kinder im ersten Stock ein Lied, das sie soeben in der Schule gelernt hatten:

Die Fahne hoch,
die Reihen fest geschlossen,
SA marschiert
mit ruhig festem Tritt.
Kam'raden, die Rotfront
und Reaktion erschossen,
marschier'n im Geist
in unsern Reihen mit.

Nach einigen Wochen wurde Christian S. als ehemaliger, mit dem Eisernen Kreuz ausgezeichneter Frontsoldat des Ersten Weltkriegs amnestiert und entlassen. Er konnte kaum mehr essen, denn die Häftlinge waren nur mit einer dünnen Suppe versorgt worden. Der Familie erzählte er von den Schreien, die er gehört hatte, als im benachbarten Block des KZ die dort untergebrachten Kommunisten von der SA gequält wurden. Ähnlich erging es dem in seinem Büro verhafteten Gewerkschaftssekretär, der nach viermonatiger Haft 40 Pfund Gewicht verloren hatte.

Herbert K., damals noch Realschüler, schildert, wie die schweigende Mehrheit auf das Verbot der Organisationen und die Verhaftungsaktion reagierte:

Soweit ich beobachten konnte, hat man es eben als eine unerfreuliche Begleiterscheinung der sogenannten nationalen Revolution gesehen und hat eigentlich die, die verhaftet wurden, – sie waren ja nicht lange verhaftet, sie kamen ja immer nach ein paar Monaten wieder – die hat man insoweit bedauert, daß sie eben vorsichtiger sein sollten, oder wie man auf schwäbisch sagt: die hättet ja ihr Gosch halte könne, wie es die anderen auch gemacht haben, dann wäre ihnen an und für sich nichts passiert. Also, man hat es nicht so tragisch genommen. Vor allem, weil es dann ja auch nach ein paar Monaten beendet war.

Der 18jährige Elektriker Fritz L., der zunächst im KZ Heuberg und später im KZ Oberer Kuhberg bei Ulm als SA-Mann Bewacher war, kam mit dem Schicksal der Häftlinge aus Mühlacker in unmittelbare Berührung:

Direkte Folterungen habe ich nicht erlebt, aber ich hab' viel davon gehört, daß es so etwas gegeben hat. Aber Mißhandlungen von Häftlingen durch Schläge und Fußtritte habe ich dort gesehen. Ich habe in beiden Lagern Leute getroffen, die ich aus Mühlacker kannte, und zwar vor allen Dingen Leute, die als Kommunisten bekannt waren, und habe mich dort auch mit denen unterhalten, obwohl es verboten war. Es waren politische Gespräche. Ich hab' mich auch mit ihnen über ihre persönlichen Probleme unterhalten und dabei eigentlich große Sympathien für einige dieser Häftlinge empfunden.

Diese Begegnungen blieben bei ihm nicht ohne Folgen.

Seine Erlebnisse als Bewacher führten mit zu einer schrittweisen Distanzierung vom Nationalsozialismus:

Ich habe damals viele Zweifel bekommen, weil ich vor allem die Behandlung dieser Häftlinge, die ich als ehrenhafte Menschen betrachtet habe, für übel gefunden habe. Ich hab's immer den verantwortlichen Leuten in dem Lager Heuberg und nachher auch in dem Lager Kuhberg, in dem ich nur kurze Zeit war, übel genommen, daß unter ihrer Verantwortung eine derartige Behandlung von Menschen möglich war, und zwar nur deshalb, weil sie andere politische Ansichten hatten.

9. »Kauft nicht bei Juden!«

Im April kam es auch in unserem Ort zu antisemitischen Aktionen vor dem Laden eines jüdischen Textilhändlers. SA-Posten zogen auf mit Plakaten, die die Aufschrift trugen: »Kauft nicht bei Juden!« Der alte Sozialdemokrat K. schildert eine Begegnung, die er einige Zeit danach mit dem jüdischen Kaufmann hatte:

Ende der zwanziger Jahre lernte ich einen hiesigen Juden kennen. Er erzählte mir, daß er Erster-Weltkriegs-Teilnehmer war und mit Auszeichnungen vom Krieg wieder heimgekehrt ist. Und als dann von der NSDAP, von den Nazis, diese Judenpogrome durchgeführt wurden, sind auch SA-Leute vor dem Geschäftshaus als Posten gestanden, um

Käufer unter dem Motto »Kauft nicht bei Juden!« vom Betreten des Geschäftes abzuhalten. Ich kam einige Wochen nach dieser Sache ins Geschäft, weil ich eben mit ihm gut bekannt war. Ich habe mich nicht geniert, nach wie vor ins jüdische Geschäft zu gehen, und wollte mir ein gutes Oberhemd kaufen. Er sagte zu mir wörtlich: »Nehmen Sie ruhig zehn mit.« Sagte ich: »Woher soll ich das Geld herbringen, für zehn? Bitte, ich will nur eins.« Da sagte er: »Das ist egal, ich schenk's Ihnen.« Es kam aber nicht so weit. Ich hab' sie nicht angenommen, diese Schenkung. Ich sagte: »Ich glaube, Sie sind in Ihrer Ansicht etwas zu pessimistisch«, weil er mir gesagt hat: »Ich weiß genau, wie's uns Juden im Nazireich noch ergehen wird.« Eben diese Aktion »Kauft nicht bei Juden!« war nur der Anfang.

Zu ähnlichen Aktionen kam es auch vor der Schmuckwarenfabrik des jüdischen Industriellen E., der vorher eng mit der Oberschicht des Ortes verkehrte, jetzt aber zusehends von diesen Kreisen geschnitten wurde. Eine in dem jüdischen Betrieb beschäftigte Sekretärin schildert, wie die Belegschaft die Aktionen der SA aufnahm:

Auf einmal ist wieder jemand vor dem Geschäft gestanden; vor dem Betrieb sind zwei Leute aufmarschiert und sind vielleicht einen Tag oder zwei dagestanden. Dann ist man eben aus- und eingegangen. Mit komischem Gefühl. Man hat nicht gewußt, was da draus werden wird. Und vor den Läden sind sie gestanden, mit Transparenten

»Kauft nicht beim Juden!«. Dann haben wir immer gesagt: »Das geht doch nicht, bei uns schaffen schließlich 180 Leute im Betrieb, wir sind doch angewiesen auf unsere Arbeit.« Weil wir ins Ausland geliefert haben, ist für uns das nicht so schlimm ausgefallen.

Im Rathaus spielte sich die »Machtergreifung« der Nationalsozialisten teils gewaltsam, teils unauffällig ab: Nachdem ein sozialdemokratischer und kommunistischer Stadtrat aus dem Kreis der Stadtväter verbannt worden waren – sie waren beide im Konzentrationslager Heuberg inhaftiert –, verbündete sich die bürgerliche Mehrheit, die sich beim Wahlkampf des Jahres 1931 als parteipolitisch unabhängig ausgegeben hatte, mit den Nationalsozialisten. Ein Stadtrat nach dem anderen trat der NSDAP bei und übernahm zum Teil wichtige Funktionen. In vielen anderen württembergischen Gemeinden, und nicht nur dort, verlief die nationalsozialistische »Machtergreifung« ähnlich: Sozialdemokraten und Kommunisten wurden aus ihren Positionen entfernt; bürgerliche Honoratioren traten in die NSDAP ein und behielten ihre Ämter. Die Nationalsozialisten wären auch gar nicht in der Lage gewesen, alle Stellen zu besetzen, auf denen bis dahin Nicht-Parteigenossen gesessen hatten.

10. Anpassung und Widerstand

Der 1. Mai war der traditionelle Kampftag der internationalen Arbeiterklasse. Das nationalsozialistische Regime hoffte, die Arbeiter für sich zu gewinnen, als es den 1. Mai zum »Tag der nationalen Arbeit« und zum gesetzlichen Feiertag erklärte. Beamten und Angestellten wurde die Beteiligung an der 1. Mai-Kundgebung zur Pflicht gemacht. Ein Rundschreiben der Stadtverwaltung an die Bediensteten der Stadt zeigt, wie man Massen auf die Beine brachte:

Bürgermeisteramt: Die sämtlichen Beamten und Angestellten der Stadt, einschließlich der Städtischen Sparkasse, sammeln sich am Tag der Nationalen Arbeit, Montag, den 1. Mai 1933, vormittags 9 Uhr zu einer kleinen Feier im Rathaus. Die Kleidung soll sonntäglich sein. Anschließend an die Feier gemeinsamer Gang zum Gottesdienst. Den 23. April 1933 – Bürgermeisteramt.

Einen Tag nach den Feierlichkeiten besetzte die SA das Gewerkschaftsbüro. Der Sekretär war seit Wochen im KZ. Das Büro wurde von der »Deutschen Arbeitsfront« übernommen, die sich als die Organisation der »Arbeiter der Stirn und der Faust« bezeichnete und die Überwindung des Klassenkampfes zu ihrem Programm erhob. Mit der endgültigen Ausschaltung der Gewerkschaften wurde in unserer Kleinstadt die letzte oppositionelle Organisation zum Schweigen gebracht. Der politischen Machtübernahme folgte die gesellschaftliche Gleichschaltung. Nahezu sämtliche Bereiche des alltäglichen Lebens wurden auch in Mühlacker schrittweise unter die Kontrolle des nationalsozialistischen Machtapparats gebracht. Große Teile des Bürgertums ließen sich durchaus willig »gleichschalten«:

Sie paßten sich dem neuen Regime an. Politischer Widerstand machte sich, wenn man einmal vom »Kirchenkampf« absieht, zunächst nur in der Arbeiterschaft bemerkbar. Der ehemalige KPD-Vorsitzende des Ortes etwa, Ernst B., arbeitete nach wie vor politisch, freilich jetzt illegal. Schon vorher mehrmals verhaftet, wurde er im September 1939 zum letzten Mal in Mühlacker gesehen. Eine Augenzeugin:

Wir waren auf dem Badplatz, wo wir uns im allgemeinen getroffen haben, weil wir beide sehr gern Ringtennis gespielt haben. Wir haben geschwommen oder uns unterhalten, und plötzlich kamen zwei Männer, ich weiß nicht mehr, ob die in Zivil oder in Uniform waren, ich kannte die auch nicht, sonst würde ich mich heute noch dran erinnern, wie das damals gewesen ist, und die haben ihn verhaftet, und er sagte dann: »Sehn' Sie, jetzt ist es soweit.«

Im Januar 1945 wurde Ernst B. im Konzentrationslager Dachau ermordet. Der kommunistische Gemeinderat H. wählte 1934, ein Jahr nach seiner Entlassung aus dem KZ, zusammen mit seiner Familie, den Freitod.
Der jüdische Textilhändler, Isaak S., konnte noch rechtzeitig auswandern und lebte bis zu seinem Tode, vor wenigen Jahren, in einem Kibbuz in Israel. Die gesamte Familie des jüdischen Industriellen E. wurde im KZ Auschwitz vergast. Der mit der Familie befreundete Pfarrerssohn schildert seine letzte Begegnung mit Frau E.:

Ich begegnete ihr auf der Bahnhofstraße, das Jahr kann ich nicht mehr sagen, ich ging zu ihr hin und wollte sie ansprechen, da brach sie in Tränen aus und sagte: »Bleib bitte nicht stehen, geh' weiter. Du darfst mit mir hier nicht mehr sprechen.«

In der Gärtnerei des ehemaligen sozialdemokratischen Gemeinderats Christian S., arbeitete bis zum Ende des Zweiten Weltkriegs ein ehemaliger jüdischer Gymnasialprofessor, Dr. A., der so vor dem Tod in der Gaskammer bewahrt wurde. Christian S. starb kurz nach Kriegsende. Dr. A. wurde 1945, nach dem »Zusammenbruch«, der erste Nachkriegs-Bürgermeister von Mühlacker.
Der Gewerkschaftssekretär Bernhard K. setzte nach 1945 in dem gleichen Büro, in dem er 1933 verhaftet wurde, seine Arbeit fort.

Nachwort

Anfang der dreißiger Jahre verbreitete sich in der Hindenburgstraße in Mühlacker eines Tages das Gerücht, daß demonstrierende Kommunisten im Anmarsch seien, um in die Wohnungen der Beamten einzudringen. Eine besorgte Hausfrau kaufte sich daraufhin eine kleine Eisenkette, um den heimischen Herd vor dem Zugriff bolschewistischer Elemente zu sichern. Die Kette, die noch lange im Dienste innerer Sicherheit an der Türe hing, hieß fortan im Jargon der Familie »s'Kommunischdekeddle«.

Angst: Das ist ein Schlüsselwort, wenn man sich mit dem Anschwellen des Nationalsozialismus beschäftigt. Angst ließ biedere Metzgermeister ins Braunhemd schlüpfen und trieb verstörte Beamtenwitwen dazu, der Partei Hitlers ihre Stimme zu geben. Und Angst hindert bis heute viele Menschen, sich mit ihrer eigenen Geschichte auseinanderzusetzen.

Leicht verstört stand ich 1976 zum ersten Mal im Stadtarchiv Mühlacker vor einer Front von Hunderten von Aktenordnern, in denen sich offensichtlich eher Verwaltungsroutine als politisch Brisantes verbarg. »Mit Mühlacker haben Sie sich bestimmt das falsche Objekt ausgesucht«, kommentierte recht freundlich, aber nicht gerade unzufrieden die rechte Hand des Bürgermeisters meine Hilflosigkeit. Bei diesem ersten Archivbesuch begleitete mich mein Freund, Redakteur Dr. H. J. Waldschmidt. Ihm verdanke ich die Idee zu dieser Arbeit, die dann zunächst vom Süddeutschen Rundfunk als Sendereihe des Schulfunks ausgestrahlt wurde.

»Mühlacker ist ein Kaff«, hörte ich während meiner Recherchen oft, »hier ist nichts Außergewöhnliches passiert.« Gerade das aber war das Reizvolle an meiner Aufgabe: das Banale, das Gewöhnliche, das Provinzielle der »Machtergreifung« zu zeigen. Inwieweit das gelungen ist, mag der Leser entscheiden.

Heute ist die Erinnerung an diese Zeit bei den meisten Bewohnern Mühlackers verblaßt, und die Opfer der braunen Gewalt sind in ihrer eigenen Heimat fast unbekannt. Nach wie vor gibt es eine Hindenburgstraße. Ein Gedenkstein an einem Hochwasserdamm der Enz erinnert den Spaziergänger daran, daß dieser Bau das Werk des »Freiwilligen Arbeitsdienstes« war. Für den jüdischen Industriellen Emmrich und seine Familie, die mit ihm in Auschwitz starb, oder für Ernst Berties, den führenden Kommunisten des Ortes, der 1945 in Dachau seine Gesinnung mit dem Leben bezahlen mußte, gibt es jedoch keine Mahnmale. Diese Einwohner Mühlackers starben als Nummern, die ihnen eintätowiert waren. In ihrer Heimatstadt sind sie noch heute namenlos.

Die Hauptakteure aus jener Zeit, sofern sie noch lebten, waren bei meinen Besuchen äußerst schweigsam. So kam es, daß ich mich bei meinen Interviews auf Augenzeugen (ihre Namen sind in unserem Bericht leicht

»verfremdet«) stützen mußte, die die frühen dreißiger Jahre als Lehrlinge oder junge Gymnasiasten erlebt hatten. Neben den Beständen des Stadtarchivs Mühlakker konnte ich noch wichtige Unterlagen im Württembergischen Staatsarchiv, in erster Linie Akten des ehemaligen Oberamts Maulbronn, zu dem Mühlacker gehörte, auswerten. Eine wichtige Quelle waren außerdem die Jahrgänge des »Dürrmenz-Mühlacker-Boten«.

Der Aufbau des Manuskripts entspricht im wesentlichen der Struktur der Sendereihe. Ich habe bewußt darauf verzichtet, die »Machtergreifung« tiefschürfend zu analysieren oder in sentimentales Pathos abzugleiten. Im Vordergrund sollte die nüchterne nackte Dokumentation stehen. Als Student der Geschichte habe ich häufig Debatten erlebt, die unter dem Etikett »Faschismustheorie« geführt wurden. Oft hatte ich dabei das Gefühl, daß sich hinter dem akademischen Vokabular Grobschlächtigkeiten und monomanische Interpretationsmuster verbargen, die für die historische Erkenntnis wenig tauglich waren. Was in diesen Debatten meist zu kurz kam und was sich mir bei meinen lokalhistorischen Studien als etwas ganz Elementares aufdrängte, war die Rolle, die soziale Ängste beim Aufstieg der NSDAP zur Massenpartei spielten – Ängste vor allem von Bauern und Handwerkern, Beamten und Einzelhändlern, die nach dem Beginn der Weltwirtschaftskrise in Massen der Partei Adolf Hitlers zuströmten. Das ist gewiß keine neue Entdeckung. Aber das Beispiel Mühlacker ist doch geeignet, dieser Einsicht plastische Konturen zu geben. Es war der Alltag der deutschen Provinz, aus dem heraus Hitler zur Macht gelangte.

Mein besonderer Dank gilt Frau Ursula Mil. Ohne ihre geduldige Hilfe wäre weder die Sendereihe noch dieses Manuskript entstanden.
Nicht zuletzt bedanke ich mich bei Herrn Prof. Heinrich August Winkler, der mich mit vielen inhaltlichen Anregungen als Herausgeber dieses Buches beim Schreiben des Manuskriptes unterstützt hat.

Stuttgart, im Frühjahr 1980 Bernd Burkhardt

Anhang

1. Daten zur Sozialstruktur Mühlackers und des Deutschen Reiches (Stand: 1933)

	Stadtgemeinde Mühlacker		Deutsches Reich
Einwohner:	6088		
Erwerbspersonen:	2954		
Erwerbstätige:	2606		
Erwerbslose:	348	(11,8 %)	18,1 %

Erwerbstätige nach Wirtschaftsabteilungen

Landwirtschaft:	529	(20,3 %)	34,2 %
Industrie und Handwerk:	1318	(50,6 %)	33,5 %
Handel und Verkehr:	487	(18,7 %)	18,9 %
Sonstige:	272	(10,5 %)	13,4 %

Erwerbstätige nach der Stellung im Beruf

Selbständige:	512	(19,6 %)	20,0 %
Mithelfende Familienangehörige:	424	(16,3 %)	20,1 %
Beamte:	234	(9,0 %)	5,6 %
Angestellte:	276	(10,6 %)	11,9 %
Arbeiter:	1051	(40,3 %)	38,4 %
Hausangestellte:	109	(4,2 %)	4,0 %

Erwerbspersonen (Erwerbstätige und Erwerbslose) nach der Stellung im Beruf

Selbständige:	512	(17,3 %)	16,4 %
Mithelfende Familienangehörige:	424	(14,4 %)	16,4 %
Beamte:	234	(7,9 %)	4,6 %
Angestellte:	300	(10,2 %)	12,5 %
Arbeiter:	1370	(46,4 %)	46,3 %
Hausangestellte:	114	(3,8 %)	3,8 %

2. Daten zur Wahlentwicklung 1928–1933

	Mühlacker		Deutsches Reich
Reichstagswahl vom 20. Mai 1928			
Stimmberechtigte:	3688		41 244 733
Wahlbeteiligung:		59,7 %	75,5 %
Gültige Stimmen:	2136		30 738 381
SPD:	606	28,4 %	29,8 %
DNVP:	132	6,2 %	14,2 %
Zentrum:	101	4,7 %	12,1 %
DVP:	326	15,3 %	8,7 %
KPD:	125	5,9 %	10,6 %
DDP (ab 1930: Deutsche Staatspartei):	365	17,1 %	4,9 %
Reichspartei des deutschen Mittelstandes:	34	1,6 %	4,5 %
NSDAP:	58	2,7 %	2,6 %
Bauern- und Weingärtnerbund:	198	9,3 %	0,6 %
Volksrechtspartei:	107	5,0 %	1,5 %
Sonstige:	84	3,8 %	10,5 %
Reichstagswahl vom 14. September 1930			
Stimmberechtigte:	3860		42 957 762
Wahlbeteiligung:		77,9 %	82,0 %
Gültige Stimmen:	2996		34 957 806
SPD:	786	26,2 %	24,5 %
DNVP:	96	3,2 %	7,0 %
Zentrum:	95	3,2 %	11,8 %
KPD:	281	9,4 %	13,1 %
DVP/Staatspartei:	464	15,5 %	8,3 %

	Mühlacker		Deutsches Reich
Reichspartei des deutschen Mittelstandes:	107	3,6 %	3,9 %
NSDAP:	681	22,7 %	18,3 %
Bauern- und Weingärtnerbund:	110	3,7 %	0,6 %
Christlich-Sozialer Volksdienst:	304	10,1 %	2,5 %
Sonstige:	72	2,4 %	10,0 %

Reichstagswahl vom 31. Juli 1932

Stimmberechtigte:	3974		44 221 216
Wahlbeteiligung:		66,7 %	84,1 %
Gültige Stimmen:	2610		36 882 354

SPD:	298	11,4 %	21,6 %
NSDAP:	1047	40,1 %	37,4 %
KPD:	593	22,7 %	14,3 %
Zentrum:	87	3,3 %	12,5 %
DNVP:	128	4,9 %	5,9 %
DVP:	53	2,0 %	1,2 %
Staatspartei:	80	3,1 %	1,0 %
Christlich-Sozialer Volksdienst:	175	6,7 %	1,0 %
Bauern- und Weingärtnerbund:	115	4,4 %	0,3 %
Sonstige:	34	1,4 %	4,8 %

	Mühlacker		Deutsches Reich

Reichstagswahl vom 6. November 1932

	Mühlacker		Deutsches Reich
Stimmberechtigte:	4026		44 373 652
Wahlbeteiligung:		66,7 %	80,6 %
Gültige Stimmen:	2673		35 471 767
NSDAP:	1092	40,6 %	33,1 %
SPD:	293	10,9 %	20,4 %
KPD:	579	21,5 %	16,9 %
Zentrum:	90	3,3 %	11,9 %
DNVP:	136	5,1 %	8,6 %
DVP:	71	2,6 %	1,9 %
Staatspartei:	71	2,6 %	1,0 %
Christlich-Sozialer Volksdienst:	203	7,6 %	1,2 %
Bauern- und Weingärtnerbund:	109	4,1 %	0,3 %
Sonstige:	29	1,1 %	4,7 %

Reichstagswahl vom 5. März 1933

	Mühlacker		Deutsches Reich
Stimmberechtigte:	4135		44 664 825
Wahlbeteiligung:		83,1 %	88,8 %
Gültige Stimmen:	3416		39 343 315
NSDAP:	1904	55,7 %	43,9 %
SPD:	405	11,9 %	18,3 %
KPD:	359	10,5 %	12,3 %
Zentrum:	99	2,9 %	11,2 %
Kampffront Schwarz-weiß-rot:	269	7,9 %	8,0 %
DVP:	40	1,2 %	1,1 %
Christlich-Sozialer Volksdienst:	170	5,0 %	1,0 %
DDP (Staatspartei):	77	2,3 %	0,9 %
Sonstige:	93	2,7 %	3,3 %

Reichspräsidentenwahl 1932

	1. Wahlgang (13. 3.)			2. Wahlgang (10. 4.)		
		Mühlacker	Deutsches Reich		Mühlacker	Deutsches Reich
Gült. Stimmen:	3056			2935		
Düsterberg:	117	3,8 %	6,8 %	——		
Hindenburg:	1643	53,8 %	49,6 %	1680	57,2 %	53,0 %
Hitler:	801	26,2 %	30,1 %	897	30,6 %	36,8 %
Thälmann:	489	16,0 %	13,2 %	358	12,2 %	10,2 %

Landtagswahl in Württemberg vom 24. April 1932

	Stadtgemeinde Mühlacker		Württemberg
Wahlbeteiligung:		56,8 %	70,4 %
Gültige Stimmen:	2319		1 244 776
SPD:	369	15,9 %	16,6 %
Zentrum:	85	3,7 %	20,5 %
Bauern- und Weingärtnerbund:	195	8,4 %	10,7 %
DDP:	138	6,0 %	4,8 %
KPD:	340	14,7 %	9,4 %
DNVP:	146	6,3 %	4,3 %
DVP:	88	3,8 %	1,6 %
Christlich-Sozialer Volksdienst:	165	7,1 %	4,2 %
Volksrechtspartei:	32	1,4 %	1,3 %
NSDAP:	761	32,8 %	26,4 %
Sonstige:	——		0,3 %

3. Weiterführende Literaturhinweise

Eine besonders lebendige Schilderung der politischen Krise in Deutschland zu Beginn der dreißiger Jahre gibt das Buch des amerikanischen Historikers *William Sheridan Allen:* »Das haben wir nicht gewollt!« Die nationalsozialistische Machtergreifung in einer Kleinstadt 1930 bis 1935, Gütersloh 1966. Allens »Mühlakker« heißt »Thalburg«, wohinter sich das niedersächsische Northeim verbirgt. Es weist in seiner konfessionellen und sozialen Struktur viele Parallelen zu Mühlacker auf.

Mit den sozialen Schichten, die zum Aufstieg der Nationalsozialisten besonders beigetragen haben, befaßt sich die Studie des Soziologen *M. Rainer Lepsius:* Extremer Nationalismus. Strukturbedingungen vor der nationalsozialistischen Machtergreifung, Stuttgart 1966. Die Radikalisierung des »alten Mittelstandes« behandelt *Heinrich August Winkler:* Mittelstand, Demokratie und Nationalsozialismus. Die politische Entwicklung von Handwerk und Kleinhandel in der Weimarer Republik, Köln 1972. Für den »neuen Mittelstand« ist heranzuziehen *Hans Speier:* Die Angestellten vor dem Nationalsozialismus. Ein Beitrag zum Verständnis der deutschen Sozialstruktur, Göttingen 1977. Diese Arbeit ist hervorgegangen aus einer Dissertation, die noch vor 1933 geschrieben wurde, aber im »Dritten Reich« nicht mehr gedruckt werden konnte. Ein ähnliches Schicksal hatte die klassische Studie über das Verhältnis von Bauern und Nationalsozialismus: *Rudolf Heberle:* Landbevölkerung und Nationalsozialismus. Eine soziologische Untersuchung der politischen Willensbildung in Schleswig-Holstein 1918–1932, Stuttgart 1963.

Über einen Kampfverband der Rechten, den in diesem Buch mehrfach erwähnten »Stahlhelm«, informiert *Volker R. Berghahn:* Der Stahlhelm. Bund der Frontsoldaten 1918–1935, Düsseldorf 1966.

Der Niedergang der bürgerlichen Parteien und die Zerschlagung der Arbeiterbewegung sind das Thema des von *Erich Matthias* und *Rudolf Morsey* herausgegebenen Sammelbandes: Das Ende der Parteien 1933, 2. Aufl., Düsseldorf 1979.

Die politische Entwicklung Württembergs in der Endphase der Weimarer Republik behandelt *Waldemar Besson:* Württemberg und die deutsche Staatskrise 1928–1933. Eine Studie zur Auflösung der Weimarer Republik, Stuttgart 1959. Das umfassendste Werk über das Ende der ersten deutschen Republik ist nach wie vor *Karl Dietrich Bracher:* Die Auflösung der Weimarer Republik. Eine Studie zum Problem des Machtzerfalls in der Demokratie, 5. Auflage, Düsseldorf 1978.

Ein sehr anschauliches Bild von der »Kampfzeit« der nationalsozialistischen Bewegung vermittelt der von *Ernst Deuerlein* herausgegebene Band: Der Aufstieg der NSDAP in Augenzeugenberichten, Düsseldorf 1968.

Eine gute Auswahl der neueren zeitgeschichtlichen Literatur über die Weimarer Republik und das »Dritte Reich« enthält der 3. Band der vom *Institut für Zeitgeschichte* herausgegebenen Deutschen Geschichte seit dem Ersten Weltkrieg, Stuttgart 1973.